MÜHLVIERTEL

Vielfalt – auf Granit gebaut

OBERÖSTERREICHVERLAG

2. Auflage 2013

in der Kehrwasser Verlagsgesellschaft mbH, Linz
Herstellung und grafische Gestaltung: _free)agents
Druck: Point, Brno

ISBN 978-3-902775-02-3

MÜHLVIERTEL

Vielfalt – auf Granit gebaut

Texte und Fotografien
von Erich Pello
und Beiträgen von
Andrea Benedetter-Herramhof
und Franz Gumpenberger

INHALT

VIELFALT – AUF GRANIT GEBAUT 7

VOM URSPRUNG DES LANDES 11

FREISTADT UND UMGEBUNG 57

RUND UM ROHRBACH 87

BLICK ZU DEN NACHBARN 109

ENTLANG DER DONAU 121

PERG UND SEIN HINTERLAND 137

FREIZEIT, LAND UND LEUTE 147

Erich Pello

Vielfalt – auf Granit gebaut

Dieses Buch beschäftigt sich mit einem Ideal einer Kulturlandschaft, mit dem Ideal, wie es sich in den typischen Landschaften, Orten und Kunstwerken des Mühlviertels finden lässt.

Im Zuge vieler Besuche dieses schönen Landes, zuletzt, um für das Buch zu recherchieren, das Sie in Ihren Händen halten, wurde mir klar, dass sich das Mühlviertel den überkommenen Klischees mehr und mehr entzieht.
Die alten Vorstellungen von karg, einfach und rückständig sind unwahr geworden, sollten sie jemals umfassend zugetroffen haben.
Das Mühlviertel besteht nicht nur aus exponierten Höhenlagen. Gerade in den Abstufungen vom Donautal zum Böhmerwald, dem Mosaik aus Wiesen, Wäldern, Felsen, Flüssen, Teichen, geprägt von einsamen Gehöften, Märkten, Schlössern, Städten, kunstvollen Kirchen, liegt der besondere Reiz dieser Region. Wenn wir seine Hügel und Täler mit offenen Augen durchstreifen, wird uns bewusst, wie es vom Menschen aus einer Urlandschaft zur vielfältigen Kulturlandschaft entwickelt wurde.

Jede Wirtschaftsweise hat ihre Zeit und Form. Vieles, was uns heute idyllisch und schön erscheint, folgt aus den durch grundherrschaftliche Rechtsverhältnisse bedingten enormen Macht- und Einkommensunterschieden.
Wohlhabende Feudalherren und Bürger beauftragten die besten Architekten, Künstler und Handwerker ihrer Zeit, um repräsentative, wohlproportionierte Gebäude zu schaffen.
Die Bauern, Handwerker und Kleinhäusler beschieden sich mit einfacher Funktionalität, brachten mit der Technik ihrer Zeit und der Verwendung regionaler Werkstoffe klare Formen hervor.

Das hat sich grundlegend geändert, gestalterisches Chaos erscheint allgegenwärtig. Wo Raumordnung stimmig ist, wo nicht, ist offensichtlich.

Oben: *Der Marktplatz von Neufelden mit seinen Ackerbürgerhäusern*
Mitte: *Dorfidylle im Wirtshaus Pammer in Guttenbrunn in Hirschbach*
Unten: *Große Mühl bei der Teufelbruckmühle*
Seite 6: *Die Burgruine Prandegg bei Schönau liegt auf einem spitz zulaufenden Felsvorsprung. Urkundlich erstmals erwähnt wird die Burg im Jahr 1287.*

Oben: *Pause im Café Druzba in Harrachstal in Weitersfelden – eine Heimstätte für Kultur- und Kunsttreibende aus aller Welt*

Mitte: *Naturgeformte Scheitholzskulptur in Harrachstal*

Unten: *Der Zillenbau hat in Niederranna seit vielen Generationen große Tradition*
Oben rechts: *Steinlehrpfad beim Großdöllnerhof, Pierbach*

Seite 9 oben: *Universitätscampus im Softwarepark Hagenberg*
Seite 9 unten: *Strohballenfertigung bei Langzwettl, Zwettl*

Nur – es ist wohl besser, sich über die banalen Begleiterscheinungen des Wohlstands zu ärgern, als sich am ärmlichen Idyll zu delektieren. Denn, bei aller Skepsis, dieses Land hat tief greifende Substanz.
Es gibt die schleichende Zerstörung von Natur- und Kulturlandschaft, gesprengte Felsen, trockengelegte Feuchtgebiete, Verarmung ökologischer Vielfalt.
Zersiedelung und banalisiertes Ortsbild, formlose Trivialität und prekäre Arbeitsverhältnisse sind ein Teil der Wirklichkeit.
In nahezu jeder Region der Welt findet sich diese Tendenz, sie ist kein Spezifikum des Mühlviertels.
Daher wird ihr hier wenig Raum gegeben, nur wo sie nicht auszublenden war, scheint sie auf. Nicht jedes störende Detail haben wir wegretuschiert.

Wieweit es heute klug ist, so wie vor über 100 Jahren (als es deutlich kälter war) noch immer aufzufichten, sei dahingestellt. Aber auch Teiche werden wieder angelegt, Bergkräuter gepflanzt, Kulturdenkmäler gepflegt, und in geschützten Lagen gedeiht der Wein wieder vortrefflich.

Der, sich leider verstärkende, Widersinn, die erwünschte Veredelung und Selbstvermarktung hochwertiger landwirtschaftlicher Produkte zeitgleich durch überzogene bürokratische Hürden und Vorschriften zu hintertreiben, ist evident.

Die Lösungskompetenz der Menschen, das aufrechte Bemühen vieler Mitbürger, nachhaltig zu wirken, schafft viel Schönes in dieser Region. Es werden Felder naturnahe bestellt, Tiere artgerecht gehalten, neue, sinnvolle Wege in Technik und Industrie gegangen. Es wird nach gültigen Formen gesucht, die Gegenwart und Zukunft zu gestalten.

Vieles, was stört, scheint doch oberflächlich und damit korrigierbar zu sein. Die Kompetenz, auch krisenhafte Erscheinungen vernunftgemäß zu meistern, wohnt den Menschen inne.
Wir leben in einem Prozess ständigen Wandels, der teilweise unserer Verantwortung unterliegt, diese auch demokratisch wahrzunehmen ist klug.

FH 2

VOM URSPRUNG DES LANDES

Andrea Benedetter-Herramhof

Zwischen Donau und Böhmerwald

Als einziges Viertel Oberösterreichs liegt das Mühlviertel nördlich der Donau. Geografisch präsentiert es sich als eine klar abgegrenzte Einheit – im Süden wird es durch die Donau begrenzt, im Norden schließt die Tschechische Republick, im Westen Bayern und im Osten Niederösterreich an.

Die geografisch-politische Abgrenzung des Mühlviertels hat eine wechselvolle Geschichte: Bis ins 18. Jh. hinein lagen hier zwei der oberösterreichischen Viertel. Der Südosten der Region wurde als Machlandviertel vom übrigen Mühlviertel abgegrenzt. Erst als 1779 das Innviertel an Oberösterreich fiel, stand man vor einem Problem: Oberösterreich besaß plötzlich fünf „Viertel". Daher gliederte man das Machlandviertel kurzerhand an das Mühlviertel an.

Das Granit- und Gneishochland der Böhmischen Masse endet nicht an den politischen Grenzen, sondern setzt sich in die Nachbarländer fort. Die Donau bildet zwar die geografische, nicht aber die geologische Grenze. Der Strom hat sich über weite Strecken in das Gestein der Böhmischen Masse eingegraben und dabei Teile des Viertels abgetrennt. Zu diesem „Mühlviertel südlich der Donau" gehören beispielsweise der Sauwald im Innviertel oder der Kürnberger Wald vor den Toren der Landeshauptstadt Linz.

Von den Niederungen an der Donau steigt die hügelige Mittelgebirgslandschaft nach Norden hin stetig an, bis sie an der Grenze zu Tschechien und Niederösterreich ihre größte Höhe erreicht. Der höchste Berg ist der 1 378 m hohe Plöckenstein im Böhmerwald. Der tiefste Punkt des Mühlviertels mit einer Höhe von nur 228 m liegt im Strudengau, an der Grenze zu Niederösterreich.

Zahlreiche Bäche und Flüsse durchziehen die Region, von denen drei – die Große Mühl, die Kleine Mühl und die Steinerne Mühl – dem Mühlviertel auch seinen Namen gaben. Quer durch das Mühlviertel verläuft die europäische Hauptwasserscheide. Daher liegen hier die einzigen Landschaften Oberösterreichs, die nicht über die Donau zum Schwarzen Meer, sondern über die Moldau und Elbe zur Nordsee hin entwässert werden.

Vorherige Doppelseite: *Steinformation in einer Wiese bei Waldhausen im Strudengau*
Oben: *Wasserpflanzen in der Maltsch bei Leopoldschlag*
Mitte: *Burg Werfenstein und Insel Wörth im Strudengau*
Unten: *Blick von Untermühl auf Schloss Neuhaus*
Seite 12 oben: *Blick von der Ruine Wittighausen auf den Plöckenstein und den Moldaustausee*
Seite 12 unten: *Stillensteinklamm bei St. Nikola im Strudengau*

Andrea Benedetter-Herramhof

Vom Hochgebirge zum Hügelland

Oben: *Wollsackverwitterung mit Abendstimmung am Dreisesselberg*
Unten: *Ein beliebter Übungsplatz für Kletterbegeisterte ist der Klettergarten Mönch an der Waldaist*

Seite 15 oben: *Das Tal der Kleinen Mühl bei Peilstein*
Seite 15 unten: *Bizarre Granitklüfte am Dreisesselberg*

Die sanfthügelige Mittelgebirgslandschaft des Mühlviertels hat eine äußerst bewegte Entstehungsgeschichte hinter sich. Ihre Granite und Gneise erlauben einen eindrucksvollen Blick in die erdgeschichtliche Vergangenheit.

Die Entstehung der Böhmischen Masse liegt rund 400 Millionen Jahre zurück. Somit ist das Mühlviertel der älteste Teil Oberösterreichs. Es entstand, als im späten Erdaltertum alle über die Erde verstreuten Kontinente den Urkontinent Pangaea bildeten. Bei diesen Kollisionen wurden gewaltige Landmassen zusammengepresst, aufgefaltet und übereinandergeschoben: Ein Gebirge entstand.
Über 100 Millionen Jahre dauerte diese variszische Gebirgsbildung an. Als sie vor etwa 320 Millionen Jahren ihren Höhepunkt erreichte, kam es zu intensiven Verfaltungen und zum Aufsteigen von gewaltigen Mengen an Tiefengestein. Heftige Vulkanausbrüche und eine intensive Bruchtektonik kennzeichneten die folgende Spätphase der Gebirgsbildung. Das Ergebnis: die Varisziden – ein kompliziert gebautes Decken- und Faltengebirge, das sich über weite Teile des heutigen Mittel- und Westeuropa (und darüber hinaus bis ins heutige Nordamerika und im Osten über Kleinasien hinweg bis zum Ural) erstreckte.
Die Gipfel dieses gewaltigen Gebirgszuges erreichten eine Höhe von mehr als 4 000 m. Allerdings setzte, kaum dass das Gebirge entstanden war, auch schon sein Abbau ein. Der Zahn der Zeit (oder besser die Kräfte der Erosion) nagte heftig an ihm und schon am Ende des Erdaltertums war aus dem Hochgebirge ein Rumpfgebirge geworden. So bilden die Varisziden heute eine ganze Reihe der Höhenzüge und Mittelgebirgslandschaften Europas – von der spanischen Meseta über das französische Zentralmassiv, von Cornwall in England über den Schwarzwald bis hin zur Böhmischen Masse.
Jedoch mehr noch: Die Varisziden bauen auch große Teile des Europäischen Grundgebirges auf – sprich der ältesten, tragenden Schicht der oberen Erdkruste. In Oberösterreich überlagern die jüngeren Schichten der Alpen und des Alpenvorlandes das Kristallin der Böhmischen Masse. Bei Bohrungen trifft man auf den kristallinen Untergrund – also das „Mühlviertel unter den Alpen“.

D B
1844

Andrea Benedetter-Herramhof

Feldspat, Quarz und Glimmer

Granite und Gneise bestimmen nicht nur den landschaftlichen Charakter des Mühlviertels. Sie beeinflussten ganz maßgeblich die Entwicklung der Region – vom Naturraum bis zur vielfältigen Nutzung durch den Menschen.

Das Mühlviertel wird überwiegend aus diesen 300 bis 330 Millionen Jahre alten Gesteinen aufgebaut und daher als Granit- und Gneishochland bezeichnet. Sie ähneln einander in Zusammensetzung und Aussehen, gehören aber zwei ganz unterschiedlichen Gesteinsklassen an.

Granit ist ein sogenanntes Erstarrungsgestein, es entsteht, wenn flüssige Gesteinsschmelze (Magma) in den Tiefen der Erdkruste langsam abkühlt und erstarrt. Daher die Bezeichnung Tiefengestein.
Seine genaue Zusammensetzung hängt von der Gesteinsschmelze ab. Die Hauptbestandteile sind stets Feldspat, Quarz und Glimmer. Dazu kommen in geringen Mengen noch andere Komponenten wie beispielsweise Eisenerze oder verschiedene Minerale. Der hohe Quarzanteil (und damit der hohe Anteil an Kieselsäure) macht Granit zu einem sauren Gestein.
Das Gefüge des Granits ist grobkörnig. Das heißt, die einzelnen Kristalle sind gut mit freiem Auge zu erkennen und können mitunter eine Größe von mehreren Zentimetern erreichen. Dieser Grobkörnigkeit verdankt der Granit seinen Namen, der sich vom lateinischen Wort „granum“, was so viel wie „Korn“ bedeutet, ableitet.
Granit ist äußerst kompakt, da Schwächezonen und Hohlräume fehlen, eignet er sich hervorragend als Baustein.

Durch den hohen Quarzgehalt ist Granit sehr hart und verwitterungsresistent. Temperaturschwankungen und die Kraft des Wassers lösen dennoch im Laufe der Zeit den mineralischen Zusammenhalt. Wenn Granit verwittert, entstehen charakteristische, oftmals sehr spektakuläre Formen.
In feuchtem Klima kommt es zur sogenannten Wollsackverwitterung. Diese

Oben: *Grobkörniger Weinsberger Granit*
Mitte: *Feinkorngranit im Steinlehrpfad beim Großdöllnerhof*
Unten: *Wappenstein aus Feinsteingranit*

Seite 16 oben: *Wollsackverwitterung und vom Borkenkäfer befallene Bäume beim Hochstein*
Seite 16 unten: *Besuchenswert ist die Granitwelt in Plöcking bei St. Martin im Mühlkreis*

verdankt ihren ungewöhnlichen Namen der abgerundeten Form der Gesteinsblöcke, die die Menschen an jene mit Wolle gefüllten Säcke erinnerte, die früher auch als Schlafunterlage benutzt wurden.

Die Wollsackverwitterung erfolgt stets unterirdisch: Wasser dringt in die Spalten und Risse im Granit ein und zerlegt das Gestein schließlich in kleinere, kantenrunde Stücke. Sichtbar werden diese Blöcke, die oftmals zu Türmen oder Felsenburgen übereinandergestapelt sind, erst dann, wenn die darüber liegende Bodenkrume abgetragen wird. Dann kommt die Wollsackverwitterung zu ihrem Ende.
Wind und Wetter setzten den Gesteinsformationen jedoch weiterhin zu. So können aus den Wollsäcken mitunter sogenannte Wackelsteine entstehen – abgerundete Blöcke, die nur noch mit einer kleinen Fläche auf ihrem Untergrund aufliegen.

Gneis ist wie Granit im Wesentlichen aus Feldspat, Quarz und Glimmer aufgebaut, allerdings zählt er zu den Umwandlungsgesteinen. Diese entstehen, wenn sich ein Gestein im Inneren der Erdkruste durch hohen Druck und hohe Temperaturen umwandelt. Bei dieser Metamorphose wird das Ausgangsgestein nicht wie bei Granit aufgeschmolzen, sondern je nach Stärke des Drucks und Höhe der Temperatur ändern sich das Gefüge, der Mineralbestand und mitunter die chemische Zusammensetzung.

Die Gneise des Mühlviertels zeigen im Gegensatz zum Granit oftmals eine deutlich Bänderung: Dunkle und hellere Schichten wechseln einander ab – eine Folge der Entmischung von hellen und dunklen Mineralien bei hohem Druck und hoher Temperatur.

Oben: *Heidenstein bei Eibenstein – den drei mit Wasser gefüllten Schalen wird eine besondere Heilkraft nachgesagt*
Mitte: *Zu den bedeutendsten Sehenswürdigkeiten zählen die auf 750 m Seehöhe liegenden Zigeunermauern bei St. Thomas am Blasenstein*
Unten: *Felsformationen beim bayerischen Hochstein, am Anfang des Nordwaldkammwegs*
Rechts: *Gefluteter Steinbruch ober Plochwald bei Sandl*
Seite 19 oben: *Ein Wackelstein zwischen Königswiesen und Mötlas*
Seite 19 unten: *Der Elefantenstein auf der Pammerhöhe in Rechberg*

Andrea Benedetter-Herramhof

Klima, Flora und Fauna

Das Klima und der geologische Untergrund prägen die Tier- und Pflanzenwelt einer Region. Diese Ökosysteme werden vom Menschen beeinflusst und somit die Zusammensetzung von Flora und Fauna verändert.

In den Hochlagen ist das Klima des Mühlviertels rau. Die Sommer sind kurz und verhältnismäßig niederschlagsarm, die Winter lang und schneereich. Die Böden sind karg und so ist die Pflanzenwelt insgesamt eher artenarm. Doch findet man verschiedene speziell angepasste Pflanzen, die mit den herrschenden Bedingungen gut zurechtkommen. Da die Böden über Granit leicht sauer sind, dominieren sogenannte Säurezeiger, wie etwa die Pechnelke, die Schwarze Teufelskralle, das Wald-Läusekraut oder der Bürstling.
Klimatisch begünstigt sind die südlichen Teile des Mühlviertels. Hier, in Donaunähe, gedeihen zahlreiche wärmeliebende Pflanzen, die man ansonsten im Mühlviertel nicht findet. Auch wärmeliebende Tiere, wie zum Beispiel die Smaragdeidechse und zahlreiche Insekten, finden hier einen geeigneten Lebensraum.

Die ursprüngliche Vegetation des Mühlviertels ist der Mischwald. Ihr heutiges Bild erhielt die Region erst durch Rodungen und die landwirtschaftliche Nutzung. Neben typischen waldlebenden Arten kommen daher auch zahlreiche Tiere und Pflanzen vor, die offene Landschaften bevorzugen. Die großen, geschlossenen Waldgebiete des nördlichen Mühlviertels (vor allem der Böhmerwald) bieten auch größeren Wildtieren einen geeigneten Lebensraum.

Zu den faunistischen Besonderheiten des Mühlviertels zählen unter anderem jene „Grenzgänger“ und Heimkehrer, die seit dem Fall des Eisernen Vorhangs ihren ursprünglichen Lebensraum langsam zurückerobern: der Luchs, der Wolf und der Elch. An den Mühlviertler Fließgewässern lebt der Fischotter. Von hier aus besiedelt er wieder nach und nach seine ehemaligen Verbreitungsgebiete. In manchen Bächen und Flüssen findet man noch die Flussperlmuschel – eines der am stärksten gefährdeten Weichtiere Europas.

Oben: *Hirschgatter in Langzwettl – das Mühlviertel als Lebensraum einer dichten Population heimischen Wildes*
Mitte: *Die Pechnelke ist ein typischer pflanzlicher Garant für saure Böden*
Unten: *Weißer Fingerhut gilt als Heilpflanze bei Herzerkrankungen*
Seite 20 oben: *Das Tal der Weißen Aist im Februar*
Seite 20 unten: *Das Tal der Weißen Aist im Frühsommer*

Andrea Benedetter-Herramhof

Vom süßen Leben in sauren Gewässern

Oben: *Wasserfall bei der Gießenbachmühle am Eingang der Stillensteinklamm*
Mitte: *Bizarre Formation von Steinen und Wasser in der Schwarzen Aist*
Unten: *Die Maltsch – vermutlich die älteste Holzschwemme des Mühlviertels*
Seite 23 oben: *Fähre auf dem abendlichen Moldaustausee*
Seite 23 unten: *Die Gießenbachmühle am Eingang der Stillensteinklamm bei Grein*

Das Mühlviertel verdankt seinen Fließgewässern nicht nur den Namen, sondern auch einen guten Teil seiner Natur- und Kulturgeschichte. Die Lebensräume in und an den Fließgewässern sind ausgesprochen vielfältig und werden daher von einer ebenso vielfältigen Flora und Fauna besiedelt.

Nicht nur für die Tiere und Pflanzen, sondern auch für die Menschen des Mühlviertels waren die Bäche und Flüsse stets von enormer Wichtigkeit. Als Wasserlieferanten und als Transportwege – vor allem für die Holztrift – spielten die Fließgewässer lange Zeit eine bedeutende Rolle.
Stillgewässer sind hier selten, oftmals handelt es sich dabei um ehemalige Schwemmteiche, die für die Holztrift angelegt wurden. Während der letzten Jahre wurden auch viele Badeteiche angelegt, die an heißen Sommertagen angenehme Erfrischung bieten.

Die Bäche und Flüsse des Mühlviertels zeichnen sich durch Sauerstoffreichtum, Nährstoffarmut und einen teilweise leicht sauren pH-Wert aus. In ihrem natürlichen Zustand sind sie reich gegliedert: Seicht- und Tiefstellen, gestreckte und stark gewundene Gewässerabschnitte wechseln einander ab. Die Bachbetten sind einer ständigen Veränderung unterworfen. Da die Strömungsgeschwindigkeit oft stark wechselt, wird Sediment in allen Korngrößen abgelagert – vom feinsten Sand bis hin zu gewaltigen Gesteinsblöcken. Der Mensch hat stark in die natürliche Gewässerdynamik eingegriffen. Durch Ufersicherungen, Regulierungen und Verbauungen, aber auch durch den Besatz mit standortfremden Arten – wie etwa der Regenbogenforelle – sind viele Gewässer des Mühlviertels heute stark verändert.
Eine Besonderheit unter den Fließgewässern stellen jene Bäche und Flüsse dar, die nördlich des Böhmerwaldhauptkammes liegen. Da der Böhmerwald einen Teil der zentraleuropäischen Wasserscheide bildet, entwässern sie in die Moldau und damit in die Nordsee. Die Fließgewässer im Süden des Böhmerwaldes dagegen münden wie alle anderen Flüsse Oberösterreichs in die Donau und damit ins Schwarze Meer.

Andrea Benedetter-Herramhof

Moore – unheimliche Schönheit

Die Böden über dem kristallinen Untergrund des Mühlviertels sind nährstoffarm und neigen zur Versauerung. Da sie oftmals das Wasser stauen, findet man im Mühlviertel häufig Moore.

Diese wertvollen, artenreichen Lebensräume waren dem Menschen jedoch stets ein Dorn im Auge. Sie galten als unfruchtbar, wertlos und unheimlich. Viele Moore wurden entwässert oder fielen dem Torfstich zum Opfer. Vor allem in den großen Waldgebieten an der Grenze zu Böhmen blieben zahlreiche Moore bis heute erhalten. Unbeeinträchtigte, vom Menschen unberührte Flächen sind aber auch hier eine Rarität und verdienen daher ganz besonderen Schutz.

Beachtlich ist die Vielfalt an Mooren. Neben den verschiedenen Nieder- und Zwischenmooren findet man auch eine große Zahl an Hochmooren. Diese verschiedenen Moortypen unterscheiden sich hinsichtlich ihrer Entstehung, haben jedoch eines gemeinsam – sie können sich nur dort bilden, wo ausreichend Wasser vorhanden ist.

Wo der Grundwasserspiegel sehr hoch ist – also an Quellaustritten, in sumpfigen Flussniederungen, Mulden oder auch im Verlandungsbereich von Seen –, entstehen Niedermoore. Diese sind auf den ersten Blick oft nicht als Moor zu erkennen. Sie präsentieren sich vielmehr als besonders artenreiche, feuchte Wiesen mit einer üppigen Blütenpracht.
Ganz anders dagegen Hochmoore, diese werden ausschließlich von Regenwasser gespeist. Daher sind sie ausgesprochen nährstoffarm und zudem sehr sauer. Da nur wenige Pflanzen mit diesen Bedingungen zurechtkommen, sind Hochmoore recht artenarm. Sie können entweder aus Niedermooren hervorgehen, wenn diese den Kontakt zum Grundwasser verlieren – die Übergangsform nennt man dann Zwischenmoor – oder aber sie entstehen direkt auf dem mineralischen Untergrund. Ihren Namen verdanken sie den Torfmoosen – kleinen,

Oben: *Spirken in der Bayerischen Au an der Mühlviertler Bucht des Moldaustausees*
Mitte: *Torfmoos und Moosbeeren*
Unten: *Moor bei Gaisschlag in Vorderweißenbach*
Seite 24: *Der Klausteich bei St. Georgen am Walde an der Grenze zum Waldviertel. Der ehemalige Schwemmteich wird heute als Fisch- und Badeteich genutzt.*

unscheinbaren Pflanzen, die praktisch unbegrenzt wachsen können. Diese saugen sich bei Regen mit Wasser voll wie ein Schwamm, so dass sich die Moorfläche leicht hochwölbt.

Ungeachtet ihrer Unterschiede haben Hoch- und Niedermoore aber auch etwas gemeinsam, den Torf. Torf entsteht, weil in einem Moor der Abbau von abgestorbenem Pflanzenmaterial nicht mit dem Pflanzenwachstum mithalten kann. Es handelt sich dabei um ein Gemisch aus pflanzlichen Überresten, die bis zu Tausenden von Jahren alt sind.

Torf wird in Europa bereits seit 4 000 Jahren genutzt. Auch bei uns hat der Abbau eine lange Tradition. Torf diente als Baustoff, als Brennmaterial, als Dünger und als Einstreu für die Ställe. Man verwendete ihn aber auch für medizinische Zwecke – etwa für Bäder oder als Wundverband, da sich Bakterien in dem extrem sauren Milieu nicht halten können. Noch bis ins frühe 20. Jh. wurde er außerdem zu Torfkohle verarbeitet und in der Glasverhüttung eingesetzt.

Äußerst begehrt war dabei stets der besonders feinfaserige und hochwertige Hochmoor-Torf. Unglücklicherweise reagieren gerade Hochmoore auf jegliche Veränderung durch den Menschen ausgesprochen empfindlich. Viele Moore im Mühlviertel sind daher durch Torfabbau und Entwässerung beeinträchtigt, unwiederbringlich geschädigt oder gar verschwunden.

Mit den Mooren gingen nicht nur einmalige Lebensräume verloren, sondern es verschwand auch ein Stück lebende Naturgeschichte für immer. Sie zählen zu den ältesten Lebensräumen Österreichs. Es gibt sie bereits seit dem Ende der Eiszeit, als die Wälder eben erst begannen, sich wieder auszubreiten. Da im Torf die pflanzlichen Überreste anders als im Boden nicht abgebaut werden, sind Moore bedeutende Archive der Vegetations- und Klimageschichte. Einschlüsse, wie zum Beispiel die Pollenkörner von Blütenpflanzen, erlauben einen Rückschluss auf die Zusammensetzung der Vegetation und damit das Klima der Vergangenheit.

Eines der flächenmäßig größten und schönsten Moore des Mühlviertels ist das Tanner Moor bei Liebenau.

Oben: *Nicht immer harmloser Moorpfad*
Mitte: *Sumpfvegetation, Segge*
Unten: *Der Torfabbau wurde im Mühlviertel bis ins 20. Jh. betrieben*
Rechts unten: *Blauflügel-Prachtlibelle / Calopteryx virgo post copulationem*
Seite 27 oben: *Blick vom Rubner Teich zum Tanner Moor bei Liebenau*
Seite 27 unten: *Granitfelsformation am Tanner Moor*

Die ersten Siedler

Wenn man die Landkarten archäologischer Fundstellen Österreichs studiert, findet man im Mühlviertel so ziemlich die meisten weißen Flecken dieses Landes.

Oben: *Lochstein bei Königswiesen*
Mitte: *Heidelbeere*
Unten: *Kleine Steinschale aus der Berglitzl in Langenstein*
Seite 28 oben: *Gehauene Stufen am Heidenstein bei Eibenstein in Rainbach die man ins 12./13. Jh. datiert*
Seite 28 unten: *Die Steinschalen am Heidenstein waren bereits ein Versammlungsort zu vorchristlicher Zeit*

Auf den ersten Blick überraschend, gibt es doch trotz fehlender Befunde eine erkleckliche Anzahl an „Kultplatz-Literatur", die unser mangelndes Wissen und Verständnis durch esoterische Konstrukte zu ersetzen trachtet.
Bei genauerer Betrachtung jedoch wieder erklärbar, liegt es doch im Trend, beliebige Mystifizierungen einem soliden Studium der Fakten vorzuziehen. Bei „Kraftplätzen" eine harmlose Schrulle, gefährlich wird es, wenn diese Denkfaulheit gegenwärtige Fragestellungen betrifft und Entscheidungsfindungen beeinflusst.
Um nicht das Kind mit dem Bade auszuschütten – der neugierige Besuch der vermeintlichen oder tatsächlichen Kultplätze lohnt sich allemal, sind doch diese Gesteinsformationen, Quellen, Erdställe und Wallanlagen immer von besonderem Reiz und meist in sehr schöner Umgebung gelegen. Durch ihre vielfältigen, eindrücklichen Erscheinungsbilder stimulieren sie beim Erkunden unsere Sinne und beleben unsere Fantasie, das ist auch gut so.
Unser Vorstellungsvermögen wird beim Entdecken dieser Plätze ohnehin angeregt; verlieren wir uns daher nicht in kaum verifizierbare Deuteleien, ob etwa die Schalensteine künstlichen oder natürlichen Ursprungs seien und ob in ihnen das Opferblut keltischer oder germanischer Jungfrauen geflossen sei.

Faktum ist, dass der Mensch gleichzeitig sowohl in einer realen Welt als auch in einem mythischen bzw. imaginären Weltbild lebt, diese Welten einander beeinflussen und kaum klar voneinander zu trennen sind.
Unterhalten Sie sich doch einmal mit überzeugten Vertretern des „rationalen" Neoliberalismus oder „irrationaler" religiöser Fundamentalismen, und versuchen Sie, diesen Mitbürgern mit Ihnen selbst als logisch, vernünftig und offensichtlich erscheinenden Argumenten beizukommen ...

Die Bilder der Seiten 30–33 wurden, wenn nicht anders vermerkt, im Keltendorf bei Mitterkirchen fotografiert.

Oben: *Buchweizen*
Mitte: *Ein schwarzes Schaf, friedlich inmitten zweier weißer grasend, bei Weitersfelden*
Unten: *Dinkel wurde bereits von den Kelten angebaut*

Seite 31 oben links: *Backöfen im Brotbackhaus*
Seite 31 oben rechts: *Feuerstelle im Wohn-Schlaf-Raum des keltischen Sommerhauses*
Seite 31 unten: *Neolithischer Schalenstein und Kultanlage aus der Berglitzl in Langenstein*

Vom Ursprung des Landes

Auch unser Geschichtsbild ist immer noch von den nationalen, ja „völkischen" Geschichtsschreibungen des 19. und 20. Jh. getrübt.

„In der Frühgeschichte werden Kulturerscheinungen nach aus schriftlichen Quellen bekannten Ethnien (Römer, Germanen bzw. Germanenstämme, Awaren, Slawen ...) bezeichnet, wenn diese Begriffe aus heutiger Sicht auch überholt, da biologisch unzutreffend sind. Der frühgeschichtliche Mensch fühlte sich seiner sozialen Gruppe, keinem „Volk", zugehörig und passte sich seinem Umfeld in Tracht und Lebensweise an. Aufgrund der gesellschaftlichen und räumlichen Mobilität können daher auch Menschen völlig unterschiedlicher Herkunft als kulturell homogene Gruppe erscheinen."[2]

Die wichtigsten prähistorischen Fundstätten des Mühlviertels befinden sich naturgemäß an klimatisch begünstigten Plätzen nahe der Donau. Auf der Kuppe der Berglitzl in der Gemeinde Langenstein reichen die Funde von der Jüngeren Eisenzeit (4. Jh. bis 15 v. Chr.) bis in die Altsteinzeit (200000-8000 v. Chr.) zurück.
Die Berglitzl, eine 15 m hohe granitene Landzunge mit einer Fläche von zirka 150 x 90 m, die früher in den Hauptstrom der Donau ragte, ist eine der bedeutendsten Kultstätten des Donauraums.

Das höher gelegene nördliche Mühlviertel ist überaus fundarm. Die spärlichen Funde aus den Gebieten Haslach, Helfenberg, Afiesl und Rainbach lassen auf dünne Besiedlung schließen und stehen oft mit den alten Wegverbindungen von der Adria zur Ostsee in ursächlichem Zusammenhang.

Die Kulturlandschaften Mitteleuropas gehen auf die Erschließung und Umformung der nacheiszeitlichen Naturlandschaften des Holozäns (10000 v. Chr. – Jetztzeit) durch den Menschen seit der Jungsteinzeit (5500-2300 v. Chr.) zurück. In den unwirtlicheren Regionen des Mühlviertels dauerte dieser Vorgang bis in die Neuzeit. Die letzten Urwälder des Böhmerwaldes wurden erst mit Anlage des Schwarzenbergschen Schwemmkanals (ab 1789) gerodet und in Wirtschaftswälder umgeformt.

Heute in Europa von „unberührter Natur" zu sprechen ist daher Schwachsinn – führt selbst durch das einsamste Hochmoor wenn schon kein Naturlehrpfad, so zumindest ein unmarkierter Jagdsteig, und wurde doch massiv in das ursprüngliche Tierleben eingegriffen. Erwarten Sie etwa, das Tanner Moor durchstreifend, einem stoisch vor sich hin kauenden Elch zu begegnen oder anlässlich abendlichen Skilanglaufes beim sehnsuchtsvollen Geheul romantisch gestimmter Wölfe fröstelnd zu erschaudern? Aber schön wäre es doch, oder?

Es muss zum Glück aber nicht alles unberührt oder mystisch sein, was uns zu erfreuen, zu interessieren vermag.
Faszinierend etwa ist, sich die „neolithische Revolution", die Entwicklung des Menschen vom Jäger und Sammler zum jungsteinzeitlichen Bauern, zu vergegenwärtigen: Mit dem größten biologischen Experiment des Menschen, der Domestikation von Pflanzen und Tieren, wurde die Voraussetzung für vielfältige Kulturentwicklung geschaffen. Die Wirtschaftsweise des Ackerbaus und der Viehzucht verbreitete sich von den Bergländern des Vorderen Orients in die Ebenen Mesopotamiens (8000 v. Chr.) und weiter über den Mittelmeerraum bis in die gemäßigten Breiten Mitteleuropas (5000 v. Chr.). Auf diesem Weg kam dann auch das Bier ins Mühlviertel, wo wir uns in gemütlichen Gaststuben heute noch damit gesellig beschwipsen können.

In der Dorfanlage des Freilichtmuseums Keltendorf Mitterkirchen wird die Lebensweise der Menschen nachvollzogen, die vor mehr als 2 700 Jahren diese Gegend besiedelten.

Oben: *Museumswerkstätte – die Nachbildung eines Keltenhauses*
Mitte links: *2 700 Jahre altes Originalskelett aus dem Fürstinnengrab – im begehbaren Hügelgrab wird das Begräbnisritual der Zeit um 700 v. Chr. sehr anschaulich dargestellt*
Unten: *Der Nachbau eines Prunkwagens und die Grabbeigaben lassen auf hohe Kunstfertigkeit der keltischen Bevölkerung schließen*

Erste Dauersiedlungen wurden damals schon angelegt, sie bestanden aus Einzelgehöften, Hofgruppen oder kleineren Dörfern. Deren Häuser waren aus Holz in Pfostenbauweise errichtet. Die Wände aus Flechtwerk waren mit Lehm beworfen, die Dächer mit Stroh oder Schilf gedeckt. Die Nebengebäude bestanden aus Wirtschaftshütten, überdachten Vorratsgruben sowie kuppelförmigen Backöfen. Anhand ihrer fein geformten und unterschiedlich bemalten Keramik lassen sich einzelne Kulturgruppen unterscheiden.

Ab dieser Zeit wurden bis ins frühe Mittelalter ähnliche, für uns Laien schwer unterscheidbare Erdbauten errichtet, Grabhügel und Wallbauten, also Tumuli (Altlichtenberg, Naarn) und Hausberge. Holzkonstruktionen, die schon lange verwittert und nur durch archäologische Grabungen erkennbar sind (Palisadenzäune, Wohnhäuser, Holzburgen) erweiterten sie.

Vielfältig waren deren Funktionen, sie reichten von Verteidigungs- und Wohnanlagen (Luftenberg) bis zu Kultstätten unterschiedlicher Ausrichtung (astronomische Kalenderfunktionen, Mess- und Opferplätze, Grabstätten).

Im Jungneolithikum ab 4000 v. Chr. begann man allmählich, Kupfer zu schmelzen, dessen Legierung mit Zinn ab 2300 v. Chr. den enormen technologischen und wirtschaftlichen Aufschwung der Bronzezeit begründete. Die gesellschaftliche Differenzierung zeigt sich an einfachen wie aufwändigen Gräbern mit kunstvollen Grabbeigaben (Hockerbestattungen aus Hinterholz, Mauthausen; Gräberfelder bei Gusen, Katsdorf und Walding).

Man handelte mit Zinn von der Iberischen Halbinsel und Kupfer aus den inneralpinen Lagerstätten. Die daraus gewonnene Bronze wurde in genormten Ring- und Spangensparren, die an einfache Geldwirtschaft erinnern, bis nach Skandinavien gehandelt, von wo im Gegenzug das Luxusgut Bernstein in unser Gebiet gelangte.

Die Menschen der Hallstattzeit (Ältere Eisenzeit, ab 800 v. Chr.) haben uns das eindrucksvolle Gräberfeld bei Lehen in der Gemeinde Mitterkirchen hinterlassen, wo den Toten Zeremonialwägen, Pferdegeschirr, Waffen, umfangreiche Geschirrsätze und kostbarer Schmuck ins Jenseits mitgegeben wurden. Der außerordentliche Reichtum dieser Bestattungen dürfte auf den Handel des in Hallstatt gewonnenen Salzes zurückzuführen sein. Weitere Hügelgräber finden sich in Weinberg (Engerwitzdorf), Saxendorf (Saxen) sowie Hopfgarten (Alberndorf). Auf dem Burgstallberg bei Klam befand sich eine mächtige Höhensiedlung. Instruktive Einblicke in das Leben dieser Epoche gewährt der Besuch des „Keltendorfes Mitterkirchen".

In der Jüngeren Eisenzeit (um 450 v. Chr.) wandern die hoch entwickelten keltischen Stämme der Boier (Böhmen) und Kampoi (Kamp) ein. Die befestigte Höhensiedlung auf dem Gründberg in Urfahr stammt aus dieser Zeit, Einzelfunde aus den oben genannten Orten künden von der bis ins 1. Jh. v. Chr. reichenden Besiedlung des südlichen Mühlviertels.

Nach der Eingliederung Noricums in das Imperium Romanum im Jahr 15 v. Chr. bildet der Donaustrom dessen Nordgrenze (= Limes) zu den germanischen Stämmen.

Oben: *Der keltische Webstuhl bezeugt, dass die Weberei im Mühlviertel eine lange Tradition besitzt*
Mitte: *Tischgruppe und Wiege im Sommerhaus*
Unten: *Grubenspeicher unter dem überdachten Vorbau des Sommerhauses*

Andrea Benedetter-Herramhof

Tiefer Wald im Norden

Oben: *Vom Borkenkäfer befallene Fichtenplantage am Bayerischen Plöckenstein*
Mitte: *Monokultur-Fichtenwald rund um die Ruine Wittinghausen / Vítkův kámen*
Unten: *Nur mehr selten im Mühlviertel – Mischwald beim Klausteich*

Seite 35: *Junge Fichtenplantage bei Liebenau*

Bis hinein ins späte Mittelalter war das Mühlviertel fast vollständig von Wäldern bedeckt. Erst nach und nach begannen die Menschen, die Wälder zu roden und das Land urbar zu machen. Zunächst wurden dabei die südlichen Randlagen in Donaunähe erschlossen.

Der Norden wurde dagegen erst später besiedelt. Mit der Zeit entstand dabei jene kleinräumig strukturierte Kulturlandschaft, die so typisch für das Mühlviertel war bzw. zum Teil immer noch ist. Dicht bewaldet ist das Mühlviertel aber auch heute noch: Neben dem Alpenraum zählt es zu den waldreichsten Gebieten des Bundeslandes.

Die jahrhundertelange, intensive Nutzung durch den Menschen hat die Ausdehnung und Zusammensetzung der Wälder stark verändert. Die Wälder, wie wir sie heute sehen, sind das Ergebnis einer höchst wechselvollen Geschichte.

Zunächst führte die Übernutzung in manchen Regionen zu einem starken Rückgang der Wälder. So wurde Holz im 18. Jh. schließlich Mangelware. Darunter litt ganz besonders auch die Mühlviertler Glaserzeugung, da Holz neben Quarzsand der zweitwichtigste Rohstoff für die Herstellung von Glas ist.
Nicht nur das Holz wurde genutzt, sondern auch die Streu – Nadeln und Blätter fanden als Einstreu für das Vieh und als Dünger Verwendung. Durch das Entfernen der Streu kam es zu einem Aushagern der Böden und zum Abbau von Humus. Dadurch wurde das Aufkommen von Nadelbäumen, insbesondere von Rotföhren, gefördert.
Seit rund 150 Jahren hat sich das Bild jedoch erneut geändert. Die Streu wurde nicht länger benötigt und es kam wieder zum Humusaufbau. Zudem nahm die Waldfläche beständig zu, da zahlreiche Schlagflächen und auch landwirtschaftlich genutzte Flächen aufgeforstet wurden. Diese Aufforstung erfolgte aus wirtschaftlichen Überlegungen überwiegend mit Fichten. Daher sind Fichten-

Oben: *Ruine Wittinghausen / Vítkův kámen oberhalb von St. Thomas / Sv. Tomáš*
Mitte: *Spätwinterliche Landschaft bei Liebenstein*
Unten: *Alte Holzbrücke über die Kleine Mühl bei der Fixlmühle in Sarleinsbach*

Seite 37 oben: *Buchenstämme im Mischwald bei Hörleinsödt in Haslach*
Seite 37 unten links: *Baumschwämme wachsen sowohl auf lebendem als auch auf abgestorbenem Holz*
Seite 37 unten rechts: *Holzstoß – die landwirtschaftliche Nutzung von Holz als Brenn- und Baumaterial*

monokulturen heute im Mühlviertel weit verbreitet. Die ursprünglichen Mischwaldgesellschaften sind nur noch teilweise erhalten.
Die größten Waldgebiete liegen im Norden, an den Grenzen zu Tschechien und Niederösterreich. Es sind dies der Böhmerwald, der Freiwald und der Weinsberger Wald. Ihr Holz wird vom Menschen bereits seit Jahrhunderten genutzt und wurde einst mit Hilfe ausgeklügelter Triftsysteme über die Flüsse bis zur Donau transportiert. Aber nicht nur für den Menschen, auch für die Wildtiere sind die großen Waldgebiete von immenser Bedeutung.

Der Böhmerwald wird das „Grüne Dach Europas" genannt. Dieser rund 200 km lange Mittelgebirgszug, der sich zwischen Bayern, Böhmen und dem Mühlviertel erstreckt, ist das größte zusammenhängende Waldgebiet Mitteleuropas. Auf Oberösterreich entfallen rund 8 % dieser weitgehend unzerschnittenen Waldfläche.
Einst wurde der Böhmerwald als „eremus Nortwald" bezeichnet, als menschenleerer Wald im Norden. Erst mit der Gründung mehrerer Klöster an den Oberläufen von Mühl und Moldau wurde im 13. Jh. der Grundstein für die Besiedelung gelegt. Der Böhmerwald blieb bis heute ausgesprochen dünn besiedelt. Die wenigen kleinen Siedlungssplitter, die in den Wald eingebettet sind, bestehen lediglich aus einigen Häusern. Sie sind Überbleibsel ehemaliger Holzfällersiedlungen und Glashütten und werden zum Teil touristisch genutzt. Auch Infrastruktureinrichtungen sind in der Region kaum vorhanden und die Waldfläche wird lediglich von Forststraßen durchzogen. So präsentiert sich der Böhmerwald als eine weitgehend geschlossene Walddecke, die zahlreiche Naturjuwele, wie Felsburgen, Moore und artenreiche Wiesen, birgt.

Die Frühgeschichte des Mühlviertels

Der Limes ist eine durchaus offene Grenze, über die Donau hinweg wird Handel betrieben, Handel ermöglicht kulturellen Austausch. Schriftliche Zeugnisse finden wir allerdings ausschließlich in den römischen Provinzen.

Nur wenige, vereinzelte Streufunde lassen auf eine äußerst dünne Besiedlung des Mühlviertels oberhalb des Donautals bis in das Mittelalter hinein schließen.

„Eine der bedeutendsten Schriftquellen dieser Zeit, die vom Mönch Eugippius 511 vollendete Vita Sancti Severini, schildert anschaulich die damaligen Lebensumstände. Er beschreibt darin das antike Lauriacum (Enns) noch als mauerbewehrte, volkreiche Stadt mit Kirchen, Kloster, Hafen und Bischofssitz. Anders als im Raum Passau oder im niederösterreichischen Donauraum, wo der Heilige vielfältige Kontakte zu nördlich der Donau lebenden germanischen Gruppen pflegte, werden für Lauriacum keine vergleichbaren Episoden berichtet. Wenn auch ein solches argumentum e silentio keinesfalls zwingend ist, bestätigt es das aus den fehlenden archäologischen Hinterlassenschaften gewonnene Bild.

Als letzte größere Ethnie der Völkerwanderungszeit lassen sich die Slawen in Teilen Österreichs nieder. Die Vorgänge während ihrer Landnahme, ihre politische und wirtschaftliche Organisation, Lebensweise und etwaige Kontakte zur bodenständigen Bevölkerung liegen im Dunkeln, da schriftliche und archäologische Quellen kaum zur Verfügung stehen.“ [3]

166 Jahre später erfahren wir aus der Schenkungsurkunde des Klosters Kremsmünster, dass Herzog Tassilo II. im Jahre 777 dem von ihm gegründeten Kloster drei Weingärten an den Ufern der Rodl samt Winzern und dazu noch zwei Bienenzüchter vermacht: „tradimus vero ... ad racotulu tres vineas et totidem vinitores“.

Viel Bemerkenswertes finden wir in diesem Satz, so wir ihn genauer analysieren: Die Schenkung bestand aus Weinbergen – das Klima war demnach sehr mild,

Oben: *Eisenzeitliche Beile aus dem Keltendorf Mitterkirchen*
Mitte: *Rekonstruierter Einbaum aus dem Keltendorf Mitterkirchen*
Unten: *Weinlese in Weinzierl bei Perg*

Seite 38: *Über dem ehemaligen Limes des Römischen Reiches, der Donau, verbindet jetzt das Kraftwerk Jochenstein das österreichische mit dem bayerischen Ufer*

die Temperatur lag vor der letzten Kälteperiode, die im Spätmittelalter begann und mit Schwankungen bis in das 20. Jh. dauerte, etwas höher als heute.
Man konnte nicht nur Weingärten, sondern auch deren Bewirtschafter „schenken". Wir haben es also mit einer feudalen Struktur zu tun, einem Herrschaftsverhältnis, das bis ins 19. Jh. die gesellschaftlichen Beziehungen prägte. Und wenn es im Jahre 777 an den Südhängen des Mühlviertels Weinbauern gab, lässt dies darauf schließen, dass hier der römerzeitliche Weinbau nördlich des Limes die Wirren der Völkerwanderungszeit überlebt hat, die Winzer letzte Zeugen des Imperium Romanum waren.

Es überrascht vielleicht, dass eine der ältesten urkundlichen Erwähnungen einer Mühlviertler Region mit Weinbergen zu tun hat, doch damit spannt sich ein weiter Bogen in die Gegenwart, in der engagierte Winzer nach einer langen Kaltphase wieder mit dem Weinbau beginnen. Vielleicht lässt sich bei einem feinen Glas Weinzierler Chardonnay aus der Perg dem Phänomen des „Klimawandels" etwas versöhnlicher begegnen.
Umso mehr, als man seit dem 19. Jh. mit oft standortwidrigen Auffichtungen das Land optisch kühler gemacht, zur Versauerung des Bodens sowie zu ökologischer Verarmung beigetragen hat.
Es kann diesem Land nur guttun, wenn es durch seine Bestellung von weitblickenden Land- und Forstwirten einem milderen Klima geöffnet wird.

Oben: *Der Kettenturm unter dem Schloss Neuhaus*
Mitte: *Alter Weinkeller bei St. Nikola*
Unten: *Rotweinmaische*
Unten rechts: *Zillenfahrer auf der Donau im Strudengau*

Seite 41 oben: *Herbstliches Mühlviertler Weinlaub*
Unten: *Das obere Donautal bei Obermühl*

Vom Mittelalter zur Neuzeit

Im Gegensatz zum urgeschichtlichen Siedlungsraum des Donautals ist das Mühlviertel abseits der alten Verkehrswege weitgehend menschenleer. Während der Völkerwanderungszeit wandern vereinzelt bayerische Siedler vom Südwesten und slawische Stämme vom Norden zu.

„Richtig greifbar wird die Siedlungsgeschichte aber erst mit dem Mittelalter, insbesondere seit dem 11. und 12. Jh., als die umfangreiche Kolonisierungs- und Rodungstätigkeit der Adeligen und Klöster einsetzt, die Kette der großen Burgen entsteht und die Bauern systematisch ihre Parzellen immer weiter in den Wald vorschieben, wie die Ortsnamen auf -reut und -schlag und die langgestreckten Flurformen anzeigen."[4]

Diese Besiedlung erfolgt unter dem hierarchischen Herrschaftssystem der Feudalgesellschaft. Die Bischöfe von Passau und Regensburg sowie die österreichischen Herzöge verleihen den Adeligen gegen den Treueid die Grundherrschaften. Oft werden diese mitsamt der ansässigen Bevölkerung und den Einnahmen aus Maut, Gerichtsbarkeit und Steuern weiterverpfändet.

Der Grundherr ist zum Schutze seiner Hintersassen verpflichtet, diese haben verschiedene Abgaben (Zehent ...) und Leistungen (Militär- und Frondienste ...) zu erbringen. Im 12. Jh. wird das Lehenfolgerecht erblich, geistliche und weltliche Herren stellen etwa 1 % der Bevölkerung. Die Grundherrschaft prägt die weitere Entwicklung des Mühlviertels bis in das 19. Jh.

Gleitet das Herrschaftsverhältnis über die Maßen in ein Unterdrückungs- und Ausbeutungsverhältnis ab, führen zunehmende Spannungen zu Befreiungs- und Verteilungskämpfen. Auch Machtkonflikte zwischen den herrschenden Dynastien und Interessengruppen führen zu bewaffneten Konflikten. Das Mühlviertel leidet etwa unter den Hussitenkriegen, den Bauernaufständen und dem Dreißigjährigen Krieg.
Je nach Zeitgeist und Interessenlage werden diese Kriege national, religiös oder als Klassenkonflikte gedeutet.

Oben: *Wandmalerei, Zackenstil (um 1280) im Karner von Mauthausen*
Mitte: *Galgen, 19. Jh. bei Straßreit in Weitersfelden*
Unten: *Pranger am Marktplatz von Weitersfelden*
Seite 42 oben: *Romanischer Westgiebel des ehemaligen Stiftes Baumgartenberg*
Seite 42 unten: *Burgruine Spielberg, einst auf einer Donauinsel nahe dem jenseitigen Ufer, heute im Langensteiner Auwald*

Andrea Benedetter-Herramhof

Äcker, Wiesen und Wälder

Oben: *Dreiseithof in Kleinmaseldorf in St. Thomas am Blasenstein*
Unten: *Acker im Vorfrühling in Limberg in Gramastetten*

Seite 45 oben: *Flurformen im Tal der Kleinen Mühl bei Peilstein*
Seite 45 unten: *Mohnfeld bei Freudenthal in Waldburg*

Land- und Forstwirtschaft prägen die Landschaft des Mühlviertels. Die geologischen und klimatischen Bedingungen verlangen nach Bewirtschaftung.

Für intensiven Ackerbau eignen sich vor allem die flachen Becken entlang der Donau – das nördliche Eferdinger Becken, das Gallneukirchner Becken und besonders das Machland. Hier bedecken Sedimente des Alpenvorlandes und eiszeitliche Ablagerungen die Granite und Gneise des Mühlviertels. Daher sind diese Beckenlandschaften deutlich fruchtbarer als das umliegende Granit- und Gneishochland. Das milde Klima des Donauraums tut sein Übriges und so zählt zum Beispiel das Machland zu den bedeutendsten Gemüseanbaugebieten Österreichs.

Allerdings wird nicht nur in den fruchtbaren Becken, sondern im gesamten Mühlviertel Ackerbau betrieben. Angebaut wurden traditionellerweise vor allem Hackfrüchte – insbesondere Kartoffeln – und Getreide. Als die Selbstversorgung der Höfe noch im Vordergrund stand, wurden auch steile und steinreiche Flächen bewirtschaftet. Dazu wurden die Hänge terrassiert, so dass sogenannte Stufenraine entstanden. Aus den vielen Steinen, die aus den Anbauflächen entfernt wurden, errichtete man Wälle oder Mauern. Diese kleinräumigen Strukturen, die zahlreichen Tier- und Pflanzenarten einen geeigneten Lebensraum bieten, sind zum Teil bis heute erhalten.

Im letzten Jahrhundert und vor allem während der letzten Jahrzehnte kam es jedoch zu tief greifenden Änderungen in der Landbewirtschaftung des Mühlviertels. Den Anfang machten die massive Abwanderungswelle in den 1950er Jahren und der damit einhergehende Verlust von Arbeitskräften. Viele Flächen wurden nicht länger landwirtschaftlich genutzt und schließlich aufgeforstet. In den 1960er und 1970er Jahren dagegen erreichte die sogenannte Grüne Revolution

das Mühlviertel. Durch Intensivierung und Mechanisierung werden seither maximale Erträge angestrebt. Kleine Grundstücke, wie etwa die charakteristischen Streifenfluren, wurden im Zuge der Flurneuordnung zusammengelegt. Durch diese Umgestaltung konnte die Wirtschaftlichkeit erheblich gesteigert werden. Allerdings büßte die Kulturlandschaft des Mühlviertels dadurch ihren Charakter und ihre Vielfalt ein.

Die Selbsterhaltungswirtschaft verlor an Bedeutung und viele Bauern wechselten in den Nebenerwerb. Der Ackerbau machte der intensiven Grünlandnutzung Platz. So ist die vorherrschende Form der Bewirtschaftung heute die Milchviehhaltung. Dort, wo noch Ackerbau betrieben wird, wird großteils Mais angebaut. Unter den Sonderkulturen hat sich der Hopfen bis heute gehalten. Der Flachs dagegen, der einst von so großer Bedeutung für das Mühlviertel war, ist inzwischen weitgehend verschwunden.

1986 entschlossen sich Bergbauern aus Hirschbach und Umgebung zur Selbsthilfe. Der Anbau und Verkauf von vollwertigen Kräutern sollte ihre Betriebe absichern. Die Pflanzen der mittlerweile auf 37 Höfe angewachsenen Bergkräutergenossenschaft gedeihen kontrolliert-biologisch auf Feldern in 500–900 m Seehöhe, deren granithaltige Böden sie optimal gedeihen lassen. Die oftmals nur in Handarbeit mögliche Feldbewirtschaftung erfordert viele Arbeitsstunden. Eine hohe Konzentration wertvoller ätherischer Öle bedingt die hervorragende Qualität der Heil- und Gewürzkräuter, von der man sich bei Führungen durch die Felder, Betriebsbesichtigungen und Verkostungen selbst überzeugen kann.

Oben: *Holzarbeit in Wieshof bei Gramastetten*
Mitte: *Gedenktafel in Langzwettl – die Tafel bezeugt, dass Holzarbeit stets mit Gefahren und Risiken in Verbindung steht*
Unten: *Mähdrescher bei der Getreideernte nahe der Radinger Schwedenschanze bei Bad Leonfelden*

Unten links: *Erdäpfelacker bei Kerschbaum – die Kartoffel ist nach wie vor ein Hauptnahrungsmittel im Mühlviertel*
Seite 46 oben: Der *Dreiseithof aus Dorf in Hofkirchen mit Granit als Baumaterial ist typisch für diese Landschaft*
Seite 46 unten: *Strohballen im Stoppelfeld bei Langzwettl*

Andrea Benedetter-Herramhof

Hopfen, Hackfrüchte und Flachs

Hackfrüchte, verschiedene Getreidesorten, Kleinviehhaltung und etwas Milchwirtschaft bildeten die Grundlage der Selbstversorgungswirtschaft. Daneben wurden bereits früh verschiedene Sonderkulturen angebaut, Hopfen und Flachs waren für die wirtschaftliche Entwicklung von besonderer Bedeutung.

Hackfrüchte sind Kulturpflanzen wie Kartoffeln, Rüben und Feldgemüse, die während des Wachstums mehrmaliges Bearbeiten des Bodens benötigen, damit dieser nicht verkrustet und wild wachsende Beikräuter nicht die Kulturpflanzen verdrängen.

Bis heute liegt das größte Hopfenanbaugebiet Österreichs im Mühlviertel, dessen Klima und Bodenbeschaffenheit Hopfen hervorragend gedeihen lassen. Bereits zu Beginn des 13. Jh. erstmals erwähnt, erreichte seine Produktion mit etwa 1 000 ha im späten 19. Jh. die größte flächenmäßige Ausdehnung. Das nationalsozialistische Gewaltregime erließ einen totalen Rodungsbefehl. Nach Kriegsende wurde auf Ersuchen der österreichischen Brauindustrie der Anbau wieder aufgenommen. Die Ernte 2008 erbrachte auf einer Anbaufläche von 116 ha rund 192 t Hopfen. Gepflanzt wird vor allem Aromahopfen, der durch den feinen und unverwechselbaren Geschmack besticht.

Für die Bierherstellung werden ausschließlich die Dolden der weiblichen Pflanze verwendet, die auch als Hopfenzapfen bezeichnet werden. Ihre Inhaltsstoffe – insbesondere das Lupulin – verleihen dem Bier seinen charakteristischen, bitteren Geschmack. Daneben hat Hopfen auch eine bakterizide und damit konservierende Wirkung. In der Medizin wird er als Beruhigungs- und Schlafmittel eingesetzt.

Von noch größerer Bedeutung war lange Zeit der Flachs. Diese genügsame Pflanze, aus deren Fasern Leinen gemacht wird, gedeiht prächtig auf den kargen Mühlviertler Böden. Über Jahrhunderte hinweg stellten Bauern und Weber

Oben: *Der ehemalige Wehrturm, jetzt Kirchturm von Haslach an der Mühl*
Mitte: *Webstuhl im Haslacher Webereimuseum*
Unten: *Hopfenpflanzung im Vorfrühling in Auberg*
Seite 48 oben: *Für die Bierherstellung werden ausschließlich die Hopfendolden der weiblichen Pflanzen verwendet*
Seite 48 unten: *Führung im Webereimuseum Haslach*

große Mengen an Leinwand her, deren Qualität bald weit über die Landesgrenzen hinaus geschätzt wurde.
So bildete der Flachs bis in die Mitte des 20 Jh. die Grundlage einer florierenden Textilindustrie.

Für die Bauern, die unter großen Mühen und Entbehrungen das Land bestellten, war der Flachs ein Segen. Viele Einwohner waren haupt- oder nebenberuflich im Leinengewerbe tätig. Sie bauten Flachs an und verarbeiteten ihn zu fein gesponnenem Haar, sie arbeiteten als Bleicher, Mangler, Drucker, Stärkemacher, Färber, Zeugstricker, Radlmacher oder Blattbinder. In vielen Gemeinden entstanden Webermärkte.
Bereits im 17. Jh. wurden Leinenstoffe und andere Webereiprodukte in alle Welt exportiert. Schon bald zählten Webereierzeugnisse aus dem Mühlviertel neben Salz, Holz und Eisenwaren zu den wichtigsten Exportartikeln Oberösterreichs. Im 18. Jh. siedelten sich schließlich die ersten industriellen Textilbetriebe im Mühlviertel und die Wollzeugfabrik in Linz an. Dies bedeutete für die Region einen enormen wirtschaftlichen Aufschwung, der auch große soziale Veränderungen mit sich brachte.

Im 20. Jh. kam es schließlich zum Niedergang des Leinengewerbes, da die Mühlviertler Erzeugnisse preislich nicht mit den billigen Textilprodukten aus Asien mithalten konnten. In jüngster Vergangenheit jedoch lässt sich wieder ein vermehrtes Interesse an den Textilprodukten aus dem Mühlviertel verzeichnen. Der bekannte Webermarkt in Haslach hält eine jahrhundertealte Tradition lebendig.

Oben: *Lein oder Flachs – die Leinenindustrie erlebt heute wieder einen Aufschwung*
Mitte: *Leinblüte – Leinsamen sind ein altbewährtes Hausmittel*
Unten: *Kraut zählt zu den Hackfrüchten, da man es mit der Hacke bearbeitet*
Unten rechts: *Eine alte Weberstube im Webereimuseum in Haslach*
Seite 51 oben: *Gehöft bei Hellmonsödt*
Seite 51 unten: *Flachs und Leinsamen*

Andrea Benedetter-Herramhof

Bauwerke, Glas und Porzellan

Granit, der seit Jahrhunderten in zahlreichen kleinen Steinbrüchen abgebaut wird, war und ist eines der bedeutensten Baumaterialien des Mühlviertels. Weitere wichtige Rohstoffe sind Quarzsand und Kaolin.

Bereits seit dem Mittelalter wird der Mühlviertler Granit als Bau- und Werkstein geschätzt. Das Steinmetzhandwerk erlebte im 19. Jh. einen großen Aufschwung und es entstanden die ersten Industriebetriebe, die Granit abbauten und verarbeiteten. Auf der Donau ließ sich der Stein einfach und kostengünstig transportieren. Der Handel mit Granit profitierte zu dieser Zeit von der regen Bautätigkeit in den großen Städten. So wurden zahlreiche Prachtbauten in Linz, Wien und Budapest aus Mühlviertler Granit erbaut.

Ein weiteres wichtiges Baumaterial bilden auch die Quarzsande, die man vor allem in Donaunähe findet. Diese Sande wurden über Jahrhunderte hinweg auch zur Erzeugung von Glas verwendet.
Die Glasherstellung hat im Mühlviertel eine lange Tradition. Entlang der Verkehrsverbindung von Linz nach Böhmen wurden bereits im späten Mittelalter die ältesten Glasöfen der Region errichtet. Bis heute erinnern Orts- und Flurnamen wie Glasau, Glashütten oder Glaswiese an die große Bedeutung der Glaskunst.

Neben Glas wurde auch Porzellan hergestellt. Für die Erzeugung benötigt man Kaolin, auch Porzellanerde genannt. Es ist ein Verwitterungsprodukt des Feldspats. In der Region um Schwertberg befinden sich die einzigen abbauwürdigen Lagerstätten Österreichs und daher ist unser Land der sechstgrößte Produzent der Welt. Kaolin findet heute auch in der Papier-, Kunststoff- und Farbenindustrie Verwendung.

Oben: *Mühlviertler Mostglas mit kunstvoll geschliffenen Initialen*
Mitte: *Die hohe Kunst der Glasbläserei*
Unten: *Kaolinhügel im Bergwerk bei Kriechbaum*
Seite 52 oben: *Die aus Granitgestein gemauerte Hoisnkapelle (um 1890) in Wienau bei Weitersfelden*
Seite 52 unten: *Das Kaolinbergwerk bei Kriechbaum zählt weltweit zu den sechs größten Kaolinproduzenten*

Baumaterial für Höfe und Schlösser, Pranger und Konzentrationslager

Es ist unmöglich, dieses schöne Land zu bereisen, ohne Granit in all seinen Formen und Ausführungen zu begegnen.
Als wilde Wände in den Tälern und Schluchten, als krönende Felskanzeln in den Bergen des Böhmerwaldes, als gemütliche, zum Verweilen einladende Blöcke auf sonnigen, aussichtsreichen Hügeln, als Baumaterial der Burgen, Schlösser und Gehöfte, als Werkstoff der Architektur in Gesimsen, Laibungen, Rippen und Kapitellen, als Material für den Steinmetz und Bildhauer in Trögen, Marterln, Skulpturen und Statuen.

Wie die Menschen in ihrer Vielfalt dazu neigen, mit den Dingen und Situationen ihres Lebens höchste Verfeinerung zu gestalten und tiefsten Missbrauch zu treiben, künden Pranger und Galgen auch von alten Rechtssystemen und feudalistischer Willkür.
Die Granitsteinbrüche Mauthausens zeugen von durchdachter, kalkulierter Bestialität der Machthaber und ihrer Handlanger, von unsagbarem Elend gequälter Opfer.

Oben: *Guttenbrunn bei Hirschbach – Wirtshaus Pammer;* unten: *KZ Mauthausen*
Seite 54 oben links: *Bildstock nördlich von Haslach;* Seite 54 unten links: *Gotische Empore von St. Peter bei Freistadt;* Seite 54 oben rechts: *Romanisierendes Kriegerrelief aus dem späten 19. Jh. am Hoisnhof;* Seite 54 unten rechts: *Detail im Hoisnhof in Wienau bei Weitersfelden*

FREISTADT UND UMGEBUNG

Freistadt – die „Stadt der Freien“

Im Jahre 1220 gründen die Babenberger am Kreuzungspunkt wichtiger Verkehrswege die Handelsstadt Freistadt als Umschlagplatz für Salz und Eisenwaren.

Die „Stadt der Freien“ erhält zahlreiche Privilegien, wie das Stapel- und Niederlagsrecht sowie seit 1465 den Paulimarkt als Messe von internationaler Bedeutung. Jeder Freistädter Bürger, der ein Haus innerhalb der Stadtmauern besitzt, ist Eigner eines Anteils an der „Braucommune“, ein Prinzip, das sich seit 1777 bewährt, liegt doch den Bürgern die hohe Qualität ihres Gerstensaftes kostbar am Herzen.
Freistadt ist planmäßig, am Reißbrett entstanden. Beim Spazieren durch die Parkanlagen im ehemaligen Wassergraben lassen sich die eindrucksvoll erhalten gebliebenen Befestigungsanlagen aus dem 14. Jh. erkunden, die sich teils im Frauenteich spiegeln. Innerhalb der Stadtmauern, zwischen dem Böhmertor im Norden und dem Linzertor im Süden, erstreckt sich die großzügig angelegte Stadt mit ihren wohlproportionierten Häusern.

Immer wieder bummle ich gerne durch die regelmäßig angelegten Straßen, die am großen rechteckigen Hauptplatz ihr Zentrum finden. Verschlafene Arkadenhöfe und Laubengänge kontrastieren reizvoll das geschäftige Treiben außerhalb ihrer breiten Einfahrtstore. Tagsüber erfreut eine Kaffeepause in der traditionsreichen Konditorei- und Lebzelterei auf dem Stadtplatz, abends ein frisches Bier in einer der alten Gaststuben, besonders gut und schön speist man in den gotischen Gewölben beim Goldenen Hirschen in der Böhmergasse.
Nächtliche Streifzüge durch diese schöne Stadt lohnen sich immer. Sensibilisiert etwa nach dem Erlebnis eines guten Films, der in der Local-Bühne vorgeführt wurde, und somit befreit vom alltäglichen Getriebe wird der Blick schärfer, das Empfinden tiefer. Somit geben uns die Häuser und Gassen mehr von ihrer Baugeschichte, ihrem Zauber und den Schicksalen ihrer Bewohner preis.

Vorherige Doppelseite: *Türe im Mühlviertler Heimathaus*
Oben: *Blick vom Bergfried der Stadtburg*
Mitte: *Freiplastische Frauenfigur am Portal des Gasthofes zum Goldenen Adler in der Salzgasse*
Unten: *Wandmalerei von 1491 über der Südempore der Stadtpfarrkirche*
Seite 58 oben: *Bergfried und Stadtburg*
Seite 58 unten: *Das Gebäude der Braucommune Freistadt*

Oben: *Das mittelalterliche Linzertor zählt mit seinen 28 m Höhe zu den mächtigsten Tortürmen Mitteleuropas*
Mitte: *Das Bürgerkorps Freistadt – seit 1132 Schutztruppe der Freistädter Kaufleute*
Unten: *Gotischer Erker*
Seite 61 oben links: *Gotischer Erker;* oben rechts: *Marktfreyung;* unten links: *Pfarrgasse;* unten rechts: *Fassadenmalerei von 1580 am Haus Hauptplatz 2*

Wegen der Vertreibung geschäftstüchtiger protestantischer Bürger in der 1. Hälfte des 16. Jh. kam es zu wirtschaftlichem Niedergang. Dogmatische Unduldsamkeit siegt über wirtschaftliche Prosperität und Unabhängigkeit, die städtischen Freiheiten werden beschränkt.
Trotz dieser Widrigkeiten und der oftmaligen Zerstörungen durch die Hussitenstürme, die Bauernkriege und die zahlreichen Stadtbrände bleibt die mittelalterliche Anlage Freistadts in ihrer wertvollen Bausubstanz bis in die Gegenwart außergewöhnlich gut erhalten.

Die Stadt wirkt als Ganzes, ist geprägt durch ihre äußerst repräsentativen spätgotischen und renaissancezeitlichen Bürger- und Handwerkerhäuser. Diese sind durchgehend zwei- bis dreigeschossig, oft barockisiert oder dem Stil des 19. Jh. angepasst.
Die Pfarrkirche Hl. Katharina ist in ihrer mächtigen Dimension die monumentalste gotische Pfarrkirche des Mühlviertels. Spannend der Gegensatz vom fünfjochigen, fünfschiffigen Langhaus zum aufwändig spätgotischen, hohen Chor- und Kapellenbau.
Im Gewölbe finden sich Wandmalereien aus dem späten 15. Jh. mit riesigen, fantastischen Blüten zwischen bunten Kreuzrippen.

Die ehemalige Spitals- und Wallfahrtskirche Maria Hilf vor dem Böhmertor ist von hoher architektonischer Qualität. Eine komplizierte statische Lastableitungsstruktur, von den Seitenschiffen ansteigend zu den äußerst schlanken, hohen polygonalen Pfeilern der Langhaushalle, verleiht ihr außergewöhnliche Leichtigkeit. Den Chor ziert eine filigrane spätgotische Totenleuchte und in einigen Maßwerken seiner Fenster sind gotische Glasmalereien von erfreuender Farbigkeit erhalten.

An der wuchtigen, großteils spätmittelalterlichen Vierflügelanlage der Stadtburg wird seit 1363 viel gebaut. Ihre wehrhafte Außenerscheinung wird durch den Bergfried mit seinem Wehrgang gekrönt. In diesem, der gotischen Burgkapelle und weiteren Räumen der Burg kann man die bemerkenswerten Exponate des Mühlviertler Heimathauses besichtigen.

Heute ist die Bezirkshauptstadt Freistadt das größte Schul- und Handelszentrum des Mühlviertels.

Das Programmkino Local-Bühne Freistadt ist Spielort des international renommierten Festivals „Der neue Heimatfilm".
Der Brauhof Freistadt wird jeden Sommer zum „Tanzboden" für die „Sunnseitn-Tanzlust", im Gasthaus Brunnbauer swingt man zu „Jazz Alive" und der alte Salzhof ist seit seiner architektonisch geglückten Adaptierung Kultur- und Veranstaltungszentrum.

Landesfürstliche Marktfreyung
Symbol für eine eigene Gerichtsbarkeit
während der Jahrmärkte im Mittelalter

Sebastian bitte für uns!

St. Michael ob Rauchenödt

Luzifer wird vom Erzengel Michael aus dem Himmel verbannt, in die Hölle gestürzt. Michael bietet Schutz vor des Teufels Gefolge, den bösen Geistern der Wildnis.

Daher finden wir seine Heiligtümer an besonders exponierten Plätzen, auf Bergeshöhen, in Burgkapellen, an Klausen oder hier, weithin sichtbar, auf einer Hügelkuppe nahe der Wasserscheide zwischen Feldaist und Maltsch.

Die Kirche steht in Nachfolge einer Holzkirche aus dem 12. Jh., von einer ringförmigen Friedhofsmauer eingerahmt, in einem mittelalterlichen Rodungsgebiet. Zwei altehrwürdige Lärchen verstärken in ihrer gewachsenen Harmonie die besondere Schönheit dieses Platzes.

Betreten wir die Hallenkirche und geben wir dem weiten, klaren Bauwerk die notwendige Zeit, auf uns zu wirken. Die architektonische Finesse spätester Gotik (um 1515) rahmt einen Raum, der sowohl in einzelnen manieristischen Details als auch in seiner Gesamtwirkung bereits der Renaissance verpflichtet ist.

Der spätgotische Flügelaltar steht als inszenatorischer Höhepunkt im lichterfüllten Chorscheitel.[1] Seine Standflügel sind heute, anders als im Mittelalter, meist geöffnet und geben somit den Blick auf die Skulpturen des androgynen Erzengels Michael, flankiert links vom hl. Nikolaus und rechts vom hl. Stephanus, frei.

Dieses Kunstwerk, um 1520 von der Freistädter Altarwerkstätte Lienhart Krapfenbachers im Donaustil aufwändig gefertigt, ermöglicht es durch seine lebendigen Darstellungen, das Lebensgefühl zur Zeit seiner Errichtung, des Wandels vom späten Mittelalter zur beginnenden Neuzeit, zu erahnen.

Doch was interpretieren wir mit unseren heutigen Befindlichkeiten in diese Epochen hinein?

Um diese Gedanken nicht allzu trocken werden zu lassen, empfiehlt sich der Verzehr einer fangfrischen Forelle aus den Quellbächen der Maltsch nebst dem Genuss einiger Gläser feinen Weines einen gemütlichen Spaziergang weiter nördlich. Das tat man damals auch schon.

Oben: *Die Filialkirche zum hl. Michael in Oberrauchenödt bei Grünbach*
Unten: *Der gotische Flügelaltar der Filialkirche*
Seite 62 oben: *Blick vom Langhaus in den gotischen Chor mit Flügelaltar*
Seite 62 unten links: *Das Detail vom rechten oberen Flügelrelief zeigt eine Steinigung*
Seite 62 unten rechts: *Jochweises gotisches Sterngewölbe in der Filialkirche zum hl. Michael*

Weitersfelden, Wienau und Harrachstal

Oben: *Sonnenuhr in Weitersfelden*
Mitte: *Szene mit Traktor und Marktbrunnen in Weitersfelden*
Unten: *Die Weiße und die Schwarze Aist fließen bei Weitersfelden zusammen*
Seite 65 oben: *Mit Stroh gedeckter Bauernhof in Straßreit*
Seite 65 unten links: *Pegel an der Aist*
Seite 65 unten rechts: *Alte Hammermühle an der Aist*

Wo Schwarze und Weiße Aist zusammenfließen, steht in der Uferwiese eine moderne Holzliege einladend für Mußestunden bereit.

Dort lässt es sich im Silikatkies der Bäche waten, die nackten Füße im weichen, goldbraunen Wasser, anschließend auf den sonnenwarmen Brettern lagern und an der Gegend erfreuen. Freuen auch auf die vielen unverwechselbaren Facetten, die dieser Ort zu bieten hat. Schon einige Schritte weiter steht eine alte Hammermühle im Grünen, modert langsam vor sich hin und lädt ein, ihre einfache Technik zu studieren.

Am Galgenbühel, unter dem letzten erhaltenen Galgen des Mühlviertels, kann man sinnieren über Recht und Gerechtigkeit. Dieser hier diente glücklicherweise nur der Abschreckung. Da sich die braven Bürger dieses Ortes an die Gesetze hielten, wurde er wenigstens niemals verwendet.

Am Marktplatz plätschert zwischen behäbigen Ackerbürgerhäusern der Ortsbrunnen, aus der Bäckerei riecht es nach frischem Brot und dies lädt zu einer Jausenpause ein.
Die gotische Kirche besticht durch ihr klares Inneres: Über quadratischem Grundriss trägt die schlanke, runde Säule ein elegantes Sternrippengewölbe.

300 m südsüdwestlich vom Straßenweiler Windgföll, auf einem Felssporn hoch über der Schwarzen Aist, findet man am Hausberg die Überreste des Burgstalls einer alten Holzburg.

Weiter nördlich, in Wienau, werkten im späten 19. Jh. die Hoisnbrüder unermüdlich an ihrem Steinbloß-Hof und dessen Kapelle.

5
4
3

Ein bemerkenswertes Ensemble haben sie uns hinterlassen, diese Brüder, mit archaisch anmutenden, schweren Steinmetzarbeiten. Gleich nebenan serviert die Wirtin guten Speck und erfrischenden Most.

Gegenwartskunst in Weitersfelden? – Ausgehend von Musikern aus Weitersfelden entstand das Backlab Collective, welches mittlerweile weit über das Mühlviertel hinaus vernetzt ist. Das Festival „Zwischenstrom" bringt alle zwei Jahre internationale Musiker nach Weitersfelden.

Ein paar Kilometer aistaufwärts, in der ursprünglichen Kleinindustriesiedlung Harrachstal pflegt beherzt „John Tylo" einen Freiraum der besonderen Art. Nicht nur Musiker aus aller Welt spielen auf in seiner „Garage Drushba", sie ist auch Heimstatt für Theaterabende, Filmvorführungen und Ausstellungen. Anregende Gespräche ergeben sich in dieser gastfreundlichen „Forschungsstation Langsam".

Auch das „Forschungsinstitut Emissionsfreie Technologie" ist hier beheimatet. Unter anderem ermöglicht es uns, die Technik des Sensenmähens zu erlernen. Warum kompliziert, wenn's auch einfach geht?!

Oben: *Hoisnkapelle in Wienau*
Mitte: *Stillleben mit Musikinstrumenten im Café Drushba*
Unten: *Sensenmähkurs für Städter mit „John Tylo" und seinem Vater*
Rechts: *Historische Gasthausfassade in Harrachstal*

Seite 67 oben: *Der aus Granit gemauerte Glockenturm der Hoisnkapelle*
Seite 67 unten links: *Detail des Portals der Hoisnkapelle*
Seite 67 unten rechts: *Einzigartig ist die von Konsolköpfen getragene Granitdecke der Hoisnkapelle*

Königswiesen – die Krone des Mühlviertels

Der lang gezogene, hoch über dem Tal der Großen Naarn zu Kirche und Pranger hin ansteigende Straßenplatz wird von meist zweigeschossigen Ackerbürgerhäusern geprägt.

Die Häuser stammen aus dem 17.–19. Jh., einige scheinen schon im Babenberger Urbar um 1230 auf. Der wahrscheinlich von den „Herren von Machland" vor 1147 gegründete Ort besitzt bereits um 1180 das Marktrecht.
Das Ensemble um den Marktplatz ist gut erhalten, unter Kastanienbäumen plätschert der barocke, vom ehemaligen Kloster Windhaag angekaufte Brunnen.
Im Heimathaus befinden sich eine alte Backstube, historische Haushalts- und Landwirtschaftsgeräte sowie eine Sammlung von Zündapp-Motorrädern.
Im Gasthaus der Fleischhauerei am Platz serviert die Wirtin einen vorzüglich gewürzten „Lebersterz", der sofort nach Schlachtung des Tieres frisch zubereitet wird.

Das prächtige Schlingrippengewölbe (um 1520) der Pfarrkirche Mariä Himmelfahrt ist Höhepunkt und Vollendung spätgotischer Kirchenbaukunst unseres Landes. Den drei achteckigen Pfeilern entwächst ein raffiniert verschlungenes Gewebe von Rippen, die elegant geschwungene Sterne bilden, deren schier unentwirrbare Gesamterscheinung sich aus geometrischen Einzelformen logisch addiert. Aus den Durchstäbungen der granitenen Rippen entstehen 480 Gewölbefelder, die den Raum frei von baustatischen Notwendigkeiten dekorativ umfassen. An der Nordwand des hochgotischen Chores befinden sich Reste von Fresken aus dessen Erbauungszeit um 1400.

Die reizvolle, hügelige Umgebung Königswiesens mit ihren Gewässern, Weilern, Wiesen und Wäldern lädt zu abwechslungsreichen Spaziergängen ein.
In Harlingsedt sind einige historische steinbloße Bauernhöfe und eine Mühle gut erhalten. Am weitläufigen Mötlasberg lässt sich eine mächtige Steinformation erklimmen, die von einem Wackelstein beherrscht wird. Auch einige Pechölsteine lassen sich finden und der kühle Klammleitenbach lockt an heißen Tagen in sein sagenumwobenes Tal.

Oben: *Steinbloßer Hof in Harlingsedt*
Mitte: *Ein Pechölstein – er diente früher zur Gewinnung von Pech aus harzhaltigen Kiefernästen*
Unten: *Gotische Wandmalerei (um 1430) in der Pfarrkirche Mariä Himmelfahrt*
Seite 68 oben: *Blick auf den Stadlberg*
Seite 68 unten links: *Marktbrunnen, 1825 vom ehemaligen Kloster Windhaag angekauft*
Seite 68 unten rechts: *Schlingrippengewölbe in der Pfarrkirche Mariä Himmelfahrt*

Die Burgruinen Prandegg und Ruttenstein

Oben: *Vorburg und Bergfried von Prandegg*
Mitte: *Grundgestein und romanische Quadermauer von Prandegg*
Unten: *Vorburg und Bergfried von Ruttenstein*
Seite 71 oben links: *Wohnbauten von Prandegg*
Seite 71 oben rechts: *Hornkonsole mit Rippenansatz in der Burgkapelle von Prandegg*
Seite 71 unten links: *Zwillingsfenster mit Sitznische von Ruttenstein*
Seite 71 unten rechts: *Blick vom Hauptburghof in die Kapelle von Ruttenstein*

Zwischen Aist und Naarn, einige Wanderstunden voneinander entfernt, türmen sich die mächtigen Burgruinen Prandegg und Ruttenstein morbid, aber stolz auf granitenem Fels.

Die unterschiedlichen Formen der Felsen bestimmen die Architektur der Anlagen. Die Höhenburg Prandegg liegt lang gestreckt auf einem hoch über dem Tal der Waldaist ansteigenden schmalen Felsriegel. Die eindrucksvolle, turmbewehrte Ringburg Ruttenstein thront fünfeckig auf einem steilen Bergkegel.
Beide Burgen datieren auf das 12. Jh. zurück, Ruttenstein ist etwas älter als Prandegg.
Faszinierend, wie die romanischen und gotischen Grundmauern dem behauenen Grundgestein gleichsam organisch entwachsen.
Da bei Ruinen der schützende Verputz weitgehend verwittert ist, tritt das Mauerwerk klar zutage und erlaubt genaue Einblicke in die Baugeschichte. Präzise behauene romanische Quadermauern unterscheiden sich deutlich von gotischen Bruchsteinmauern. Die Verwendung gebrannter Ziegel lässt meist auf spätere Bauphasen schließen. Granitene Tür- und Fensterlaibungen, romanische Rundbögen, gotische Spitzbögen erlauben weitere Rückschlüsse auf das Alter der Gemäuer.

Unserer hollywoodgeschulten Vorstellungskraft entsteigt ein adrett gewandetes Burgfräulein. Melancholisch lagert sie auf den samtenen Polstern in der Sitznische, stickt, wirft sehnsuchtsvolle Blicke aus dem Doppelfenster hin über das weite Land. Ein tiefer Seufzer entringt sich ihrer bebenden Brust. Wird sie ihn wiedersehen, den holden Minnesänger, dessen glühende Verse, die ihr mit zarter Stimme zur Laute gar süß erklangen, das Herz ihr brachen?
Die fein gearbeitete Bauplastik der Konsolen und Rippenansätze längst eingestürzter Gewölbe zeigt uns die Lage der alten Burgkapelle.
Dort wurde sie ihm angetraut, dem harten Herrn der trutzigen Burg, den sie nicht mehr sehen mag.

Weinberg – ein Schloss für die Bildung

Treppauf, treppab irre ich neugierig und bezaubert durch die verwinkelten Gänge des Schlosses. Durch die angelehnte, reich verzierte Türe des Fabelzimmers klingen die glasklaren Melodien einer Cellosonate von Bach.

Im Stiegenhaus hallt klassischer Chorgesang aus dem unteren Stockwerk herauf, einige Schritte weiter tönt die Klavierbegleitung zur Stimmbildung einer jungen Sängerin aus der offenen Türe des Kaisersaals.
In einem anderen Raum sind die bemerkenswerten Arbeiten von Absolventen der Prager Fotoschule Österreich ausgestellt. Die Stuckdecken der Säle, teils monochrom, teils farbig eingefasst, sind einzigartig in ihrer üppigen Plastizität.
Die Nutzung dieses Schlosses zu erleben ist eine Freude!
Nachzuempfinden, wie eine große gotische Burganlage zu einem prunkvollen Renaissanceschloss ausgebaut wurde, ebenso. Dies hat Schloss Weinberg sein charakteristisches Gepräge verliehen, das in einer organischen Verschmelzung mittelalterlicher und neuzeitlicher Züge besteht.

„Bibit pauper et egrotus, bibit exul et ignotus ..." Die mitreißende Interpretation dieses feurigen Liedes aus den Carmina Burana zieht mich in den Kaisersaal.
Freundlich lockt Venus von der Haube des Kamins, ein kecker Amor hält den Bogen fest gespannt, bereit, uns mit seinem Pfeil zu treffen.
Hier ein Symposion! Soll ich es gestalten? Der lichte, sinnliche Raum böte den idealen Rahmen für eine durch guten Wein stimulierte Erweiterung an Bewusstheit. Der Bezug zum Schloss ist evident: Weinberg, Renaissance, Diesseits, Lebenslust ... Es fügte sich in den historischen Bogen. Zumal Meister Wintersteiger, der vor einem Vierteljahrhundert diese Räume trefflich restaurierte, jüngst ein Sgraffito über die dionysischen Mysterien an der Fassade meines Winzerhauses schuf. Nun, wer weiß? Göttin Fortuna, begehrenswert, unfassbar flüchtig auf einer geflügelten Kugel in den Schildbögen des Raumes balancierend, mag uns hold beschenken.

Oben: *Detailansicht aus dem Kaisersaal*
Mitte: *Stuckierte Kassettendecke im Ahnensaal*
Unten: *Detailansicht des Renaissance-Kachelofens im Ahnensaal von Schloss Weinberg*
Seite 72 oben: *Außenansicht des Renaissance-Schlosses Weinberg*
Seite 72 unten links: *Ziehbrunnen von 1589*
Seite 72 unten rechts: *Schmiedeeisernes „Türkengitter" aus dem 17. Jh.*

Vom Haselgraben zum Sternstein

Oben: *Freilichtmuseum Pelmberg bei Hellmonsödt*
Mitte: *Marmorgrab in der Starhemberger-Gruftkapelle in der Pfarrkirche Hellmonsödt*
Unten: *Winterliche Ansicht der Burgruine Waxenberg*
Seite 75 oben: *Schloss Wildberg im Haselgraben bei Kirchschlag*
Seite 75 unten: *Marktplatz von Bad Leonfelden mit Rathaus und Pfarrkirche*

Der kluge Linzer braucht nur kurz den Haselgraben hinaufzufahren und findet sich bald in einer vielfältigen Kulturlandschaft mit sehenswerten Dörfern, Burgen, Ruinen, einem Weingarten und ökologisch wertvollen Naturschönheiten und wieder.

14 Gemeinden bilden die Tourismusregion Mühlviertler SternGartl und entwickeln ein Netzwerk, das Quellbäche, Felsblöcke, Wiesen, Heidekrautfluren, Wälder, Hoch- und Niedermoore erschließt und erhält.

Seit einigen Jahrzehnten wird hier viel zersiedelt und verschandelt, wen wundert's, dermaßen nahe am Zentralraum. Doch ein kurzes Studium der Wanderkarte zeigt uns eine überraschende Vielzahl reizvoller Wege in verschont gebliebenen Landschaften.

Den Wächter des Haselgrabens, die Ruine Wildberg, passierend, erreichen wir eine „sonnenglänzende Insel über dem Nebelmeer" wie Adalbert Stifter Kirchschlag, das „Bergdorf am Breitenstein", nennt.
Ein weiter historischer Bogen spannt sich in Hellmonsödt von der Gruftkapelle der Starhemberger in der gotischen Pfarrkirche über die Prangersäule am Marktplatz und den seit 1325 beurkundeten Mittermayrhof des Freilichtmuseums Pelmberg bis in die Gegenwart: Das Artemons Kunstmuseum zeigt uns Bilder bedeutender oberösterreichischer Maler des 19. und 20. Jh. in modernem Rahmen.

Der 3-Burgen-Wanderweg führt auf 25 km von der Turmruine Lobenstein zur Ruine Waxenberg mit ihrem imposanten, als Aussichtsturm dienenden Bergfried. Großartig ist die Fernsicht über die wogenden Hügel des Mühlviertels, hinweg zu den markanten Zacken der Nördlichen Kalkalpen. Unten im Ort lädt die Hoftaverne zur gemütlichen Rast. Gut erholt geht es weiter zur mächtig um ihren Renaissance-Arkadenhof gelagerten Ruine Piberstein.

RATHAUS

Die Bühne im Burghof Reichenau ist Veranstaltungsort und verwandelt die nach einem Brand 1750 zum Schloss ausgebaute Ruine Reichenau zur eindrucksvollen Theaterkulisse.

Eine besondere Dichte renovierter Bauernhöfe mit Steinbloßmauern erschließt ein Spaziergang durch das gepflegte Ottenschlag. Der rückgebaute Ortsbach mit seinen Brücken und Trockenmauern führt uns zum Mooswiesenteich. Wandern wir nach Schenkenfelden mit seinem großen, quadratischen Marktplatz weiter, so überqueren wir beim Lichtenstein den südlichsten Punkt der europäischen Wasserscheide.

Schon seit 1836 besuchen Kurgäste den Moor- und Kneippkurort Bad Leonfelden. Die Schüler drücken in dieser Stadt bereits seit 1577 die Schulbank, einst in der Pfarrschule, die heute das älteste Schulmuseum des Landes beherbergt. 60 Jahre älter ist das ehemalige Bürgerspital, dessen Chor gotische Wandmalereien zieren. Vom Gastgarten des traditionsreichen Lebzelter-Cafés am Hauptplatz blickt man zum doppeltürmigen Rathaus (1608), das im Ensemble mit der neugotisch erweiterten Pfarrkirche den Hauptplatz prägt.
Seit dem 50-jährigen Regierungsjubiläum von Kaiser Franz Joseph 1898 bietet sich von der Aussichtswarte am Sternsteingipfel (1 125 m) ein weiter Rundblick über das Land. Wohl im 13. Jh. werden unter der Herrschaft Waxenberg die Reihendörfer im flachen Hügelland südlich des Sternsteins planmäßig angelegt. Einige Höfe sind in ihrem historischen Erscheinungsbild bis heute gut erhalten.

In Hinterweißenbach erweitert der böhmische Handelsmann Johann Paul Löffler von 1807 bis 1830 eine ältere Gebäudegruppe zum Löfflergut. Das spätbarocke Alte Löfflergut besteht aus Wirtschaftshof, Taverne und einem Brauhaus, in dem bis 1956 Bier gebraut wird. Gegenüber der alten Handelsstraße von Linz nach Böhmen liegt der lang gestreckte, 1833 bezeichnete Keller.
Etwas weiter in Richtung Tschechien steht das Neue Löfflergut, von 1807 bis 1813 im Stil des Klassizismus errichtet.
Nahe dem Zollhaus von Guglwald verbergen sich mittelalterliche Erdställe mit spitzbogigen Tonnengewölben.

Einsam im Brunnwald, über weite Flächen ein gelungenes Beispiel für das deprimierende Erscheinungsbild von Fichtenplantagen, steht das gleichnamige Jagdschloss der Starhemberg mit seinem markanten Rundturm. Das Forsthaus daneben stammt von 1900.

Im Waldhufendorf Langzwettl werden in einigen der schönen Bauernhöfe besondere Schmankerln wie Bergkäse, Met und luftgetrockneter Hochlandrinderschinken auf Bündner Art erzeugt und auch verkauft.

Alles Wissenswerte über das Bienenleben erfahren wir beim Erkunden des Bienenerlebniswegs, der uns zum Bienenmuseum in Zwettl führt.
Die aparte Empirefassade (1810) des Färberhauses am Zwettler Marktplatz erzählt von einer Zeit, als Handel, Hausweberei und Textilindustrie prosperierten. Unter dem hohen Mansardendach befindet sich der Trockenboden der alten Färberei. 1789 wurde das Ledererhaus von 1544 zu einer Färberei umgebaut, die bis 1874 als k. k. privilegierte Baumwoll- und Damisfabrik 130 Beschäftigten Arbeit bot.

Oben: *Marktplatz von Zwettl an der Rodl*
Mitte: *Idyllischer Bauerngarten in Langzwettl*
Unten: *Weingarten im Haselgraben an der alten Bundesstraße nach Kirchschlag*
Seite 76 oben: *Blick vom Mooswiesenteich auf Ottenschlag im Mühlkreis*
Seite 76 unten: *Das alte Löfflergut in Hinterweißenbach bei Vorderweißenbach*

Reichenthal und die sieben Todsünden

Eine siebenköpfige Schlange windet sich um den Baumstamm, der die Kanzel trägt. Aus ihren menschlichen Köpfen blicken uns die Hauptsünden entgegen.

Ich ertappe mich bei der Überlegung, welche der Sünden mir wohl die angenehmste sei. Doch die Bildhauer Linzinger und Rauscher haben vor zirka 100 Jahren ihre Aufgabe trefflichst erfüllt: Sympathisch wirkt keine dieser armen Seelen.

Die Hauptsündenkanzel ist nicht das einzige Kunstwerk in der Pfarrkirche Hl. Bartholomäus. Diese weiträumige Kirche ist das Hauptwerk des späten Historismus in Oberösterreich. Sie, nur weil sie nicht sonderlich alt ist, lediglich oberflächlich zu besichtigen, wäre wirklich schade.

Ich beschließe, im Gasthof am Marktplatz zu nächtigen. Nach einem guten Abendessen sehe ich vom Zimmer aus einen Landwirt auf seinem alten Traktor knatternd heimwärts brausen. Es ist schon dunkel.
Niemand und nichts zieht mich ins Bett. Eine laue Mittsommernacht lockt zum Spaziergang. Von der Straße nach Leonfelden her klingt fröhliches Geplauder. Einige Anwohner haben auf einer kleinen Wiese vor breiter Hauseinfahrt drei Bänke zusammengestellt. „Wohin des Weges, Fremder, und wie lautet dein Name?“, fragt mich mit strenger Stimme, aber lachendem Gesicht einer aus der Runde und reicht mir eine frisch geöffnete Flasche kühlen Bieres.
Gerne nehme ich die Einladung an und lasse mich neben dem Bauern, der zuvor den Platz überquerte, nieder. Dem gehört der Hof gegenüber, mehrmals geht seine Frau hinüber nachschauen, da eine ihrer Kühe heute Nacht kalben wird. Es wird getratscht, gelacht, verwandtschaftlicher Besuch aus Florida ist auch zugegen.
„Die Milchwirtschaft betreiben wir aus Freude“, erzählt der junge Bauer, „zu verdienen ist nichts mehr damit. Die Geräte haben wir, Grund und Boden auch.

Oben: *Pfarrkirche Hl. Bartholomäus*
Mitte: *Die Hoffart in Gestalt einer Mühlviertlerin in alter Tracht mit Schwalbenschwanz-Kopftuch und Perlenkette an der Todsünden-Kanzel*
Unten: *Darstellung der Unkeuschheit an der Todsünden-Kanzel*
Seite 78 oben: *Modern gestalteter Marktbrunnen von Reichenau*
Seite 78 unten: *Langhaus mit Todsünden-Kanzel und Orgelempore der Pfarrkirche*

Oben: *Arkadenhof im Schloss Waldenfels*
Mitte: *Rosenranken im Arkadenhof von Schloss Waldenfels*
Unten: *Blick auf das Schloss Waldenfels mit der Turnierhofmauer*
Oben rechts: *Ein altes Sägewerk im Freilichtmuseum Hayrl*

Seite 81 oben: *Schloss Waldenfels*
Seite 81 unten links: *Bäuerliche Hausmühle im Freilichtmuseum Hayrl*
Seite 81 unten rechts: *Haupthof mit Treppenturm und ehemaligem Burgfelsen im Schloss Waldenfels*

Wir arbeiten gerne mit unseren Kühen. Zum Glück ist mein Arbeitsplatz im Ort, müsste ich auspendeln, bliebe nicht mehr genug Zeit für unsere Landwirtschaft."
Einige Biere später ist Aufbruchstimmung, die Bänke werden weggeräumt, wir gehen heimwärts.
Solche Erlebnisse machen das schöne Land noch viel sympathischer. Dies ist nur eine von vielen angenehmen Episoden, die mich während meiner Recherchen zu diesem Buch Mühlviertler Witz und Gastfreundlichkeit erleben lassen.

Am nächsten Tag schlafe ich etwas länger. Es wird ein heißer Tag. Nach dem Frühstück besichtige ich das kühle Kettenbachtal mit den Mühlen, Sägen und Nebengebäuden des Freilichtmuseums Hayrl.
Im Fischteich nebenan spiegelt sich das eindrucksvolle Renaissanceschloss Waldenfels, das gegen Voranmeldung zu besichtigen ist. Die fünfeckige Anlage gliedert sich um drei Höfe mit dem ehemaligen Burgfelsen in der Mitte. Den Haupthof ziert ein zweigeschossiger Arkadengang mit toskanischen Säulen, über den Wirtschaftshof führt der Zugang zur Schlosskapelle.
Den Turnierhof schließt ein barockes Grottengebäude. Die Nischen ziert Grottendekor aus färbigen Putzen, Schlacken, Muscheln und Stalaktiten. Venus und Amor auf Delfinen tummeln sich im Muschelbecken des Brunnens.

Der 10-Mühlen-Wanderweg nähert sich der tschechischen Grenze, ein kleiner Abstecher führt zum Heidenstein in Eibenstein. Diese Felsgruppe mit Schalensteinen und vielen künstlichen Treppen war je nach Belieben Kultstätte, Steinbruch oder auch UFO-Landeplatz.

Eibenstein gehört schon zur Gemeinde Rainbach. Die kunstvollen, figuralen Glasfenster (1963) von Margret Bilger lohnen wirklich einen Besuch der Rainbacher Pfarrkirche.

Kerschbaum und die Pferdeeisenbahn

Alte Wege zu beschreiten ist immer interessant. Die alte Trasse der Pferdeeisenbahn, der ersten Bahnstrecke Kontinentaleuropas, zu erkunden ist ein idealer Einstieg in dieses Metier. Die Route ist gut beschildert, für den Interessierten gibt es Museen in Bujanov und Kerschbaum.

Beim aufmerksamen Spazieren lernt man, alte Wegspuren im Gelände zu erkennen und deren naturgegebene Logik zu verstehen. Den Gegebenheiten des Reliefs, den Erfordernissen der Verkehrsverbindung und dem jeweiligen technischen Wissen der Zeit entsprechend werden die optimalen Trassierungen angelegt.

Diese Bauvorhaben unterliegen unterschiedlichen wirtschaftlichen Interessen. Bei der Pferdeeisenbahn führten diese zu einem veritablen Konflikt zwischen der Bauleitung und der Hochfinanz. Die weitblickenden von Gerstners (Vater Franz Josef und Sohn Franz Anton) planten eine künftige Nutzung der Strecke mit Dampflokomotiven. Die großzügige Trassierung mit weiten Kurvenradien und möglichst gleichmäßiger Steigung war kostspielig und stand bald zum Wunsch der Aktionäre nach hoher Dividende in Widerspruch.

Im Juli 1825 erfolgte der Spatenstich für die Nordrampe von Budweis nach Kerschbaum. Unter der Bauleitung von Franz Anton von Gerstner wurde sie zukunftsweisend errichtet und ist großteils bis heute in Verwendung. 1828 übertrug die Direktion der „k. k. privilegierten ersten Eisenbahn-Gesellschaft" die Bauleitung an Mathias von Schönerer, dessen verbilligte Bauweise der Südrampe von Kerschbaum nach Linz mit engeren Kurvenradien die spätere Nutzung durch Dampfzüge nicht zuließ. Von Gmunden ausgehend wurde die Strecke ab 1855 etappenweise für den Dampfbetrieb adaptiert bzw. neu angelegt, am 15.12.1872 fuhr der letzte Pferdeeisenbahnzug. Die Liegenschaften wurden verkauft, Teile der alten Trasse planiert.

Es gibt aber immer noch vieles zu entdecken von den einstmals 1 066 Viadukten, Brücken und Durchlässen, den Bahndämmen, Hangtrassen, Wachthäusern und Stationsgebäuden beim Erwandern dieser schönen Route.

Oben: *Traditionell gekleidete Kutscher beim Abspannen des Kutschpferdes*
Mitte: *Fahrgäste der Pferdeeisenbahn*
Unten: *Pferdeeisenbahn-Brückenmauern zwischen Edlbruck und Eisenhut*
Seite 82 oben: *Alter Salonwagen*
Seite 82 unten links: *Stationsgebäude der Pferdeeisenbahn*
Seite 82 unten rechts: *Zwei bezaubernde Mitarbeiterinnen des Museums kurz nach Feierabend*

Die gotischen Flügelaltäre von Pesenbach, Waldburg und Kefermarkt

Der massive Granit, auf dem die Mühlviertler Kirchen ruhen, ist auch der schwere Werkstoff ihrer Wände. Aus schlanken Säulen wächst er organisch zu eleganten Rippengewölben empor. Ihr unerschöpflicher Formenschatz visualisiert die Statik und löst die Kräfte der Gravitation scheinbar auf in Schwerelosigkeit.

Je vertrauter mir die Kirchen werden, desto lieber besuche ich sie, finde an heißen Sommertagen Schutz vor dem Sonnenlicht, das, gebrochen durch gotische Maßwerkfenster, an die Wand abstrakte Muster wirft. Oder finde Zuflucht an stürmischen Spätherbsttagen, wenn der böhmische Wind tief hängende Wolken treibt. An solchen kargen Tagen verlieren sich die Innenräume in halbdunklen Perspektiven.

Oben links: *Pesenbach, Filialkirche Hl. Leonhard, Blick vom Langhaus in den Chor;* oben rechts: *Altarflügel mit Szene aus der Leonhardslegende;* unten links: *Waldburg, Hochaltarflügel mit Darstellung Maria Magdalenas;* unten Mitte: *Waldburg, Hochaltar;* unten rechts: *Waldburg, Wolfgangaltar*

Diese Kirchen, in ihrer regionalen Spielart eines internationalen Stils, scheinen mir bis heute der gültigste, kunstvolle Ausdruck des Landes zu sein. Das Mühlviertel, von Meisterhand in Form gebracht. Von den Händen vieler Meister.
Unfassbar ist der Kontrast, wie stillos mancherorts das historische Hausensemble vor der Pforte verunstaltet und zugeschildert wird. Klare Formen zu finden für die Gestaltung des Jetzt – eine schwierige, aber noble Aufgabe, die wesentlich mehr Energie benötigt.

Viele der sakralen Räume leben vom reizvollen Spiel gotischer und barocker Formen, andere von neugotischer Interpretation. In wenigen Juwelen ist die Ausstattung der Erbauungszeit erhalten. Gotische Flügelaltäre mit ihren Statuen und Malereien. Im Kern des religiösen Überbaus zeigt sich der Mensch.

Oben links: *Kefermarkter Flügelaltar;* oben rechts: *St. Georg;* unten links: *St. Petrus und St. Wolfgang,* unten rechts: *St. Christophorus*

RUND UM ROHRBACH

RATHAUS

Rohrbach und die Villa Sinnenreich

Unter den Falkensteinern wird Rohrbach im Jahr 1200 von 43 Urbürgern gegründet. Der große Platz an der Kreuzung der alten Handelsrouten Königsstraße und Goldener Steig dient als Raststätte und Markt vor der Böhmerwaldüberquerung.

Seit 1743 schmückt ihn die Dreifaltigkeitssäule, Wolken und Putten umfangen einen auf hohem Sockel stehenden Obelisken. Die Häuserzeile mit dem Rathaus trennt den Stadtplatz vom Kirchenareal.
Der Renaissance-Laubengang des Rathauses mit einem stichkappentonnengewölbten Durchgang zum Kirchplatz diente früher als Markthalle für die Fleischer.
Carlo Antonio Carlone errichtet von 1697 bis 1700 unter Beibehaltung des gotischen Turmes die großzügige barocke Wandpfeilerkirche.
Zu dieser Zeit verliert der Salzhandel langsam an Bedeutung und wird durch Leinenhandel und Lederwarenerzeugung abgelöst. Bürgerlichen Wohlstand repräsentiert das Haus Stadtplatz 37. Geigenkastenfenster in der Attikazone zieren die spätbarocke Fassade mit Ortsteinquaderung, Gesimsen und Stuckdekor.
Im Gebäude der Druckerei Stabil, Linzer Straße 6, zeigen im Museum des Buchdrucks Kniehebelpressen und Bleisetzmaschinen 100 Jahre seiner Geschichte.
Heute ist Rohrbach Verwaltungszentrum, Einkaufs-, Sport- und Schulstadt.
Die Villa Sinnenreich ist ein außergewöhnliches Museum der Wahrnehmung. Über 40 interaktive Kunstobjekte lassen eine Welt zwischen Illusion und Wirklichkeit entstehen. Ist das, was wir wahrnehmen, immer wahr? Zu erleben, wie leicht wir zu täuschen sind, ist eine bedeutsame Erfahrung.
In „Barragans Haus“ etwa wird die Größe des Menschen unwahrscheinlich stark verändert, im „betrunkenen Würfel“ machen Sie sonderbare Gleichgewichtserfahrungen und im begehbaren Kaleidoskop erleben Sie eine Lichtinstallation mit endlosen Spiegelungen.
Der Sinnenreichweg führt vom Park der Villa in die schöne Landschaft des Oberen Mühlviertels. Neben den Natureindrücken gibt es unterwegs 18 Stationen zur Förderung der Wahrnehmung.

Vorhergehende Doppelseite: *Traktor im Stift Schlägl*
Oben: *Das begehbare Kaleidoskop in der Villa Sinnenreich*
Unten: *Schriftsetzer bei der Arbeit im Buchdruckmuseum der Druckerei Stabil*
Seite 88 oben: *Wappenkartuschen und Ausleger mit Arm und Richtschwert am Rathaus*
Seite 88 unten links: *Hinterhof in Rohrbach*
Seite 88 unten rechts: *Rathaus und Kirchturm*

Neufelden – Kunst und Kultur an der Mühl

Oben: *Neufeldner Marktplatz mit Brunnen (um 1600)*
Mitte: *Detailansicht einer alten Türe mit edlen Beschlägen*
Unten: *Glockenstuhl der Pfarrkirche Neufelden*
Seite 91 oben: *Spätmittelalterliches Haus mit Breiterker und spätbarocker Fassade*
Seite 91 unten links: *Brunnenfigur – hl. Donatus*
Seite 91 unten rechts: *Orgelempore in der Pfarrkirche*

Hoch über einer Schleife der Großen Mühl erhebt sich seit 900 Jahren der Markt Neufelden. Das noble Erscheinungsbild seiner Ackerbürgerhäuser spiegelt den historisch gewachsenen, vorwiegend durch Handel mit Salz und Leinen erworbenen Wohlstand seiner Bewohner.

Aus den Zeiten der Gotik und Renaissance stammen die meisten Häuser des eleganten Ortes. Architektonische Details wie mittelalterliche Spionfenster, Erker, schmiedeeiserne Fensterkörbe und geschwungene Blendgiebel beleben die bunten Fassaden. Diese werden im Barock und im Biedermeier, nach dem Brand von 1830, mit Stuckdekor prunkvoll erneuert.

Gemütlich bummle ich durch diesen hellen Ort, werfe hin und wieder einen Blick in die gewölbten Gänge der schönen Häuser. Am Marktbrunnen vorbei geht es zur gotischen Kirche. Seit Kindestagen kann ich es nicht lassen zu probieren, ob verbotene Türen zu etwaigen Glockentürmen vielleicht unversperrt seien. Glück gehabt, diesmal! Vertrauter Geruch nach trockenem Holz und Vogelmist, steile Treppen, Dämmerlicht, golden im Sonnenstrahl aufglühende Staubpartikel. Weite Rundsicht von der Glockenstube: Friedhof, Dächer, Mühltal, Wiesen.
Es erschließt sich der Aufbau des Ortes um Markt und Marktplatz innerhalb seiner abgetragenen Befestigungsanlagen. Konzentriert aufs Fotografieren wird warnendes Klicken überhört. Der dröhnende Glockenschlag dringt durch Mark und Bein, das Herz schlägt bis zum Hals.
Rasch verlasse ich den Glockenturm und betrete das Kirchenschiff.
Martin Johann, der Kremser Schmidt, einer meiner Lieblingsmaler: „Anna lehrt Maria lesen“, dieses feine Bild betrachtend, entspannen sich langsam meine Nerven. Florale Malereien zieren das spätgotische Springrautengewölbe über verspieltem Rokoko, ein harmonischer Raum.
Es ist immer willkürlich, einzelne Gasthäuser hervorzuheben. Und die Geschmäcker sind verschieden, aber in Unternberg, am Stausee der Großen Mühl,

Oben: *Mühltalstausee*
Mitte: *Volkstümliche Plakatfläche*
Unten: *Burgruine Pürnstein über der Großen Mühl*
Oben rechts: *Kornblumen*
Seite 93 oben links: *Altes Fabriksgebäude unter der Burgruine Pürnstein*
Seite 93 oben rechts: *Das Portal der Filialkirche von Steinbruch*
Seite 93 unten: *Wehr bei der Teufelsbruckmühle*

schwimmen, Boot fahren, sich in der Sonne aalen, göttlich dinieren, bei edlem Wein den Tag Revue passieren lassen, plaudern mit Joachim Eckl, dem Weltensammler.
„Wirklich bedeutend“ beginnt er zu erzählen, „wurde meine Beziehung zu Land und Kultur sowie den hiesigen Besonderheiten erst 1989, nach der Rückkehr von einem einjährigen Studienaufenthalt in New York. Die Entwicklungen des 20. Jh. haben Fortschritt, aber auch ein Übermaß an Achtlosigkeit mit sich gebracht. Da gilt es, aufbauend in die Lebenswelt mit einzuwirken. Joseph Beuys' Begriff der sozialen Skulptur hat meine Arbeit wesentlich inspiriert.
Die Initiative HEIM.ART dient dem Entdecken und Sichtbarmachen vorhandener, traditioneller Werte und deren weltoffener Entfaltung.“
Eines von Joachims großen Verdiensten ist, dass sich durch seine Vermittlung seit zehn Jahren Freunde und Künstler wie Klaus Rinke, Nicholas Treadwell, Malcolm Poynter, Alan Levi oder Thomas Paster mit ihren Sammlungen in der Region ansiedeln. Sie alle tragen durch ihr kreatives Wesen und ihre Arbeit dazu bei, dass diese Region zur inspirierenden und weltoffenen Heimat für die Kunst und für kreative Menschen wird.

Am nächsten Tag fahre ich flussaufwärts, den Teufelstein passierend, zur Burgruine Pürnstein weiter.
Hoch überragt die Hauptburg mit ihrem zweifachen Bastionsbering die Uferfelsen der Großen Mühl. Wuchtige Wälle, bedrohliche Pechnasen, mächtige Mauern trutziger Türme, schmale Schießluken in zürnenden Zwingern, kühl klaffende Kellerlöcher, gekehlte Gewölberippen gewesener Kapellen und die monumentale Feuerstelle mit ihrem mächtigen Abzug auf Gurtbögen in der Raummitte der ehemaligen Küche machen den Besuch dieses gewaltigen Gemäuers nicht nur sprachlich zum verwegenen Abenteuer.

Durch Sauschlag führt der Weg nach Steinbruch. Schon von weitem grüßt die Filialkirche Hl. Anna, die sich inmitten ihrer Kirchhofummauerung an der höchsten Stelle des Weilers erhebt.
Dieser Bau der spätesten Gotik besticht durch die Qualität von Architektur und Einrichtung. Barocke Fassadenmalerei interpretiert gekonnt die darunter liegende gotische Fassung. Filigrane Netz- und Knickrippensterngewölbe mit vielfach überkreuzten Enden, die Spitzbogenarkaden der Empore, die aufwändige Bauplastik künden von der Kunstfertigkeit der Steinmetzmeister.
Barocke Altäre, Kanzel und Orgel sowie renaissancezeitliche Kreuzwegreliefs, Votiv- und Grabsteine aus edlem Rotmarmor fügen sich zum Gesamtkunstwerk.

Haslach – mehr als ein Webermarkt

Eindrucksvoll ist der Blick von den Wasserbauten an der Mündung der Steinernen in die Große Mühl, hinauf zu den imposanten, fünfgeschossigen Baublöcken der ehemaligen Leinen- und Baumwollwarenfabrik Vonwiller & Fölser.

1999 erwarb die Gemeinde das Areal und adaptierte es zum Tourismus- und Kulturzentrum Haslach. Architektonisch mustergültig gelöst, diese moderne Erweiterung der alten Bausubstanz.
1830 vom Mailänder Bankier Nikolaus Vonwiller errichtet, ist dieser Baukomplex des Biedermeier eine der ältesten Industrieanlagen Österreichs.
Heute beherbergt er mit der Wollmanufaktur ein vorbildliches Projekt regionaler Entwicklung, wie ich von einer Mitarbeiterin erfahre: „Die Wolllieferanten sind kleine Schäfereien aus der Region, die Wert auf biologische Arbeitsweise und artgerechte Tierhaltung legen. Unser Augenmerk liegt besonders auf gefährdeten Schafrassen, deren Wolle herrliche Naturfarben und beste Fasereigenschaften besitzt. Daraus erzeugen wir edle Wollartikel: Teppiche, farbenprächtige Tweedstoffe, Filzhausschuhe ... Das Wissen über die Eigenschaften der Wolle und die Zusammenarbeit mit Textilkünstlern ermöglichen immer neue Produktentwicklungen."
Die Mechanische Klangfabrik, eine Sammlung alter Musikautomaten, befindet sich ebenfalls auf diesem Areal. Ein exquisites akustisches Erlebnis!

Weitere Leckerbissen werden in der Mühlviertler Ölmühle gleich nebenan bereitet. Schon 1379 urkundlich erwähnt und seit über 200 Jahren in Familienbesitz, presst der stolze Müller heute sorgsam Leinöl, Distelöl, Hanföl, Mohnöl, Sesamöl, Kürbiskernöl und Sonnenblumenöl.

Von den Mühltälern führen steile Wege und Straßen zum Marktplatz hinauf, die historische Bausubstanz ist auf Grund der Niveauan- und -abstiege effektvoll gestaffelt. Obwohl der Ort durch Kriegseinwirkungen und Brände oft zerstört wurde, blieb viel von seiner historischen Bausubstanz erhalten.

Oben: *Der Wehrgang am Kirchturm bietet einen herrlichen Ausblick*
Mitte: *Die Mechanische Klangfabrik beherbergt eine Sammlung alter Musikautomaten*
Unten: *Ehemaliges Elektrizitätswerk (1901)*

Seite 94 oben: *Die ehemalige Leinen- und Baumwollwarenfabrik Vonwiller & Fölser*
Seite 94 unten: *Mariensäule auf dem Marktplatz von Haslach*

Oben links: *Spätgotischer Lichtpfeiler*
Oben Mitte: *Durchgang vom Marktplatz zur Pfarrkirche*
Unten: *Windgasse*

Erkunden Sie die schmalen Gassen mit ihren mittelalterlichen Strebebögen und Überbauungen, die Gasthöfe, Leinwandhändler- und Krämerhäuser, die Wohnstätten und Gewerbegebäude der Hufschmiede, Leinenweber, Schnurmacher, Lederer, Bader, Fleischhauer, Kürschner, Hutmacher und Kupferschmiede. Geschwungene Giebel, breite Erker, Laubengänge, Arkadenhöfe, Tonnen-, Stichkappen-, Kreuzgrat- und Platzlgewölbe, Tram- und Stuckdecken, Freitreppen, Wandmalereien und Sgraffitodekor künden vom einfallsreichen Formenschatz vergangener Architekturstile.

Für die vier Museen des Heimatvereins – Weberei-, Kaufmanns- und Schulmuseum sowie das Heimathaus im alten Torturm – gibt es eine wohlfeile Kombikarte.

Die mittelalterlichen Befestigungsanlagen mit Graben und Schalentürmen sind gut erhalten. Der kühne, frei stehende Wehrturm dient auch als Kirchturm der kunsthistorisch höchst bedeutenden, spätgotischen Pfarrkirche Hl. Nikolaus.

Der Unterkagererhof in Auberg geht auf das Mittelalter zurück. Die Einrichtung dieses Dreiseithofs, seine schwarze Kuchl und der Backofen sind gut erhalten. Mit seinen Nebengebäuden, der Scheune und dem Troadkasten dient er der Österreichischen Naturschutzjugend als Schulungs- und Herbergsstätte.

In der Umgebung wird wieder viel Hopfen angebaut. Romantische Wanderwege führen durch die Täler von Lanitzbach, Steinerner und Großer Mühl mit ihren Schluchtwäldern, Mühlen, abgekommenen Hausbergen und Burgen.
Von der Furtmühle führt der Steilstufenweg durch St. Oswald bei Haslach nach Morau zu einem besonders interessanten Abschnitt des Schwarzenbergschen Schwemmkanals. Gleich neben dem Haus Nr. 2 künden Wall- und Grabensysteme sowie Baureste von der alten Burg Morau.

Mit dem Fahrrad erreicht man nach wenigen Kilometern eine der schönsten Buchten des Moldaustausees, wo seine Wasserfläche in die Bayrische Au übergeht.
Dort am heißen Nachmittag ausgiebig zu schwimmen und später, im warmen Abendlicht, über die aussichtsreichen Wiesenwege der breiten Höhenrücken um Hörleinsödt und Dambergschlag spazieren zu gehen, ist eine Lust!

Oben: *Marktwappen am Rathaus von Haslach – ehemaliges Brauhaus des Stiftes Schlägl*
Mitte: *Webstuhl und Spinnrad im Webereimuseum*
Unten: *Beinhaus im Untergeschoss der Pfarrkirche*
Unten links: *Orgelempore und gotisches Bogenrippengewölbe mit Überstäbungen*

Das Stift Schlägl und sein Aigen

Unwirtlich, menschenfeindlich, rau. Der Abt und ein Mitbruder sterben entkräftet, die überlebenden Zisterziensermönche fliehen zurück in ihr Bamberger Stammkloster.

14 Jahre später wagen Prämonstratenser aus Osterhofen einen neuerlichen Kolonialisierungsversuch. Bis heute sind sie erfolgreich, schaffen durch die Jahrhunderte einen ökonomischen, kulturellen und geistigen Kristallisationspunkt des Oberen Mühlviertels.
Die romanische Krypta strahlt noch archaische Kargheit aus. Eine Treppe führt vom Langhaus der gotischen Staffelhallenkirche steil hinauf in den lichtdurchfluteten Chor und kündet von religiösen und weltlichen Hierarchien. Die gotische Architektur ist im frühen Barock neu interpretiert. Im Nordturm finden sich seltene spätgotische illusionistische Architekturmalereien.
Die bedeutende Gemäldegalerie und der prächtige neobarocke Bibliothekssaal mit seinen 60 000 Bänden sind Boten verfeinerten Lebensstils.
In der alten Hoftaverne ist heute die Wachszieherei mit Museum zu besuchen, im Meierhof erzählen die Exponate des Museums Kultur.Gut. Oberes Mühlviertel vom Leben der Böhmerwäldler.
An sündhaftes Verhalten grenzt es jedoch, dieses Areal verlassen zu wollen, ohne vorher die klostergebrauten Biere im Stiftskeller genossen zu haben. Und wer will sich schon versündigen?

1242 ruft das Stift Schlägl 21 Familien zum Bau einer Ansiedlung auf dem „Eigen" des Klosters. 1362 erhält Aigen, das „Tor zum Böhmerwald" sein Marktrecht.
Vielleicht ist es der edle Mann mit Sonne am Marktbrunnen, der das Licht zeitgenössischer Kunst in diesen Ort zaubert? Das „Zehnerlhaus" fügt sich originell in die historische Verbauung des Hauptplatzes.
Besuchenswert sind Nick Treadwells Gallery und die Ateliers von Malcolm Poynter, Jeramy Turner und, herrlich skurril, von Wolfgang Zöhrer.

Oben: *Blick vom großen Stiftshof zur Kirche*
Mitte: *Zehnerlhaus in Aigen*
Unten: *Eingemauerte romanische Maske in der Stiftskrypta*
Seite 98 oben: *Die um 1230 erbaute Krypta ist der bedeutendste romanische Innenraum des Mühlviertels*
Seite 98 unten links: *Stiftsbibliothek*
Seite 98 unten rechts: *Mann mit Sonne, die Brunnenfigur des Aigener Marktbrunnens*

Von Ulrichsberg zum Plöckenstein

Die Große Mühl mäandriert beschaulich durch ihr weites Tal. Einige Feuchtwiesen sind noch erhalten, die Torfau und die Stadlau stehen unter Naturschutz.

Gleich zwei Teiche gibt es in Klaffer, den Badesee zum Schwimmen, den Urlsee zum Lernen, denn um diesen führt ein Fischlehrpfad, der uns die Flora und Fauna der Gewässer näherbringt.
Neben der Pfarrkirche ist mit über 1 000 verschiedenen Heilpflanzen der größte Heilkräutergarten Österreichs angelegt.
Was hingegen im Wald kreucht und fleucht, lehrt uns ein Besuch der Ausstellung „WunderWeltWald" in der Böhmerwaldarena Schönebens. Die beiden nahen Aussichtstürme „Alpenblick" und „Moldaublick" mutig zu erklimmen empfiehlt sich zu jeder Jahreszeit.
Durch den benachbarten ehemaligen Glashüttenort Sonnenwald fließt der Schwarzenbergsche Schwemmkanal. An seinem Ufer sind einige „Landart"-Objekte installiert. Mehr über die Böhmerwälder Glaserzeugung verrät das Glasmuseum im Ulrichsberger Kulturhaus.
Seit 1973 veranstalten in diesem Markt die Damen und Herren vom „Jazzatelier Ulrichsberg" hochkarätige Konzerte. *„Durchhaltevermögen, Zähigkeit und ein gewisser Dickschädel waren notwendig, um dorthin zu kommen, wo Alois Fischer und seine Leute heute sind: mittlerweile eine der besten Adressen für Jazz und Verwandtes abseits des Mainstreams."* (Christoph Haunschmid, Oberösterreichische Nachrichten)

Auf einem Hügel steht weithin sichtbar die josephinische Saalkirche von Schwarzenberg, der nördlichsten Gemeinde des Mühlviertels. Ihren Altar ziert ein Gemälde von Martin Johann Schmidt (1785).
Ideales Quartier für ausgedehnte Böhmerwaldwanderungen bietet der einsame Weiler Oberschwarzenberg. Über die Teufelsschüssel führt der Weg zum Plöckenstein, am Nordwaldkammweg geht es zum Dreisesselberg im Westen oder, nach Osten, zum Nebelstein in Niederösterreich.

Oben: *Das ehemalige Baderhaus von Ulrichsberg ist jetzt Jugendherberge*
Mitte: *Die junge Mühl bei Schwarzenberg*
Unten: *Rothirsch im Ausstellungsraum in der „WunderWeltWald" von Schöneben*

Seite 102 oben: *Frühlingslandschaft mit der Pfarrkirche von Schwarzenberg im Hintergrund*
Seite 102 unten: *Romantisch in die Landschaft eingebettet liegt der Urlsee in Klaffer*

Hopfen und Malz – Gott erhalt's

Oben: *Hopfengarten bei St. Martin im Mühlkreis*
Mitte: *Sudkessel von der Brauerei Hofstetten aus dem Jahr 1929*
Unten: *Das Einbrauen des Granitbocks verleiht dem Bier einen einzigartigen Geschmack*
Seite 105 oben: *Frisch gebrautes Bier*
Seite 105 unten links: *Hopfenbaugenossenschaft in Neufelden*
Seite 105 unten rechts: *Der Braumeister hopft das siedende Bier*

Auch die Konzentrierung der Bierindustrie auf immer weniger multinationale Konzerne führt zu einer Verarmung an Geschmacksvielfalt und Kultur. Im Gegenzug ist es lohnend und wichtig, die Nischen des individuellen Genusses sinnvoll zu pflegen und zu erweitern.

Die Stiftsbrauerei Schlägl, die Braucommune Freistadt und die Privatbrauerei Hofstetten setzen mit ihrer erfolgreichen Bierviertel-Kooperation Zeichen für die einzigartige Historie und Gegenwart der Mühlviertler Braukunst. Mit Sorgfalt, Traditionsbewusstsein und innovativer Kreativität werden aus ursprünglichen, regionalen Zutaten Bierspezialitäten gebraut, die auch veritable Weinfreunde wie mich zu begeistern vermögen.

Bereits 1229 wird Hofstetten als Besitz der Pibersteiner erwähnt, 1449 im Wallseer Urbar vom Braubetrieb berichtet. Aus mehreren hauseigenen Brunnen wird das durch Granitgestein gefilterte Wasser für die Bierproduktion entnommen. Klares Urgesteinswasser ist die beste Voraussetzung für gutes Bier.
Heute brauen und liefern elf Mitarbeiter jährlich 5 900 hl Pils-, Märzen-, Spezial-, Apfel-, Kürbis-, Granit-, Biohonig-, Kübelbier sowie verschiedene Bockbiere. Der wahre Bierfreund atmet gerne die Atmosphäre seiner Lieblingsbrauerei, somit ist der Rampenverkauf zu einem wichtigen Standbein geworden. Verkostungen, Exkursionen und Seminare bringen über 4 000 Besuchern jährlich das Handwerk der Braukunst näher. Um diese so richtig zu erfahren, erlebt man, wie das Bier im Sudkessel brodelt und dann im uralten Keller reift.

Natürlich laden auch die Stiftsbrauerei Schlägl und die Braucommune Freistadt zu Verkostungen und dem Besuch ihrer Brauhäuser ein. Neun verschiedene Sorten werden dort jeweils gebraut, unter anderen sind Malz König und Bio Roggen Schlägler, Rotschopf und Bio-Zwickl Freistädter Spezialbiere.
Ein Schlägler Wirt ist seit 2009 Biersommelier-Weltmeister. In St. Ulrich im Mühlkreis lernt man im Hopfenmuseum mit angeschlossener Jausenstation „Hopfenstub'n" mehr über die feine Würze des Bieres.

O.Ö. HOPFENBAUGENOSSENSCHAFT
Mühlviertler Hopfen

Westlich der Kleinen Mühl

Oben: *Steintisch und Bank vor dem ehemaligen Seifensiederhaus in Putzleinsdorf*
Mitte: *Fenster des ehemaligen Marktbräuhauses*
Unten: *Kircheninneres der Pfarrkirche in Niederkappel*
Seite 106 oben: *Die Pfarrkirche Hl. Andreas in Niederkappel*
Seite 106 unten links: *Putzleinsdorfer Häuserzeile*
Seite 106 unten rechts: *Pranger und Brunnenfigur hl. Nepomuk am Putzleinsdorfer Marktplatz*

Entdeckungsreise von Niederkappel über Lembach, Putzleinsdorf, Sarleinsbach und Peilstein nach Julbach. Die unterschiedliche Anlage der Dörfer und Märkte, eingebettet in Kulturlandschaften und Wälder, bietet dem Wanderer abwechslungsreiche Perspektiven.

Die Pfarrkirche – im letzten Jahrzehnt des 19. Jh. im Stil der Neorenaissance am höchsten Punkt von Niederkappel errichtet, wird ob ihrer überbordenden Kirchenkunst auch Mühlviertler Dom genannt. Stolz ist der Ort auch auf seinen berühmtesten Täufling, Bundespräsident Dr. Rudolf Kirchschläger, dem ein Gedenkraum im Gemeindehaus gewidmet ist.

Ein tödlicher Raufhandel zwischen heimischen Bauern und bayerischen Besatzungssoldaten ist Anlass dafür, dass sich auch die Lembacher Bauern dem Oberösterreichischen Bauernkrieg 1626 anschließen. Auf einer Erhebung oberhalb ihres Hauptquartiers im ehemaligen Wirtshaus Habach entzünden die Bauern ein Höhenfeuer als Signal zum Kampf und ziehen in das Gemetzel. Am von barocken Giebelhäusern umfassten Lembacher Marktplatz erinnert der Bauernkriegsbrunnen neben dem Pranger an den mutigen Aufstand.

Neben den breiten Hofeinfahrten künden barocke Steinbänke und Tische, auf denen die Stoffballen präsentiert wurden, von der Zeit des Leinenhandels, der Putzleinsdorf zu bescheidenem Wohlstand verhalf. Das freundliche Ortsensemble um den Marktplatz mit seinen Obermühlviertler Ackerbürgerhäusern ist sicher eines der sehenswertesten der Region und in seiner Geschlossenheit erfreulich gut erhalten.

Von ganz anderem Charakter ist die malerische Vedute Sarleinsbachs. Steil fällt der Marktplatz zum Rathaus mit seiner südlich anmutenden Laube auf toskanischen Säulen ab. Ein Durchgang führt zum rund ummauerten Kirchenbezirk mit Marienkapelle und Pfarrkirche.

Oben links: *Restaurierung des Tabernakels der Peilsteiner Pfarrkirche*
Mitte: *Dreifaltigkeitssäule vor dem Sarleinsbacher Rathaus*
Unten: *Neugotische Ölbergkapelle an der Fassade der Sarleinsbacher Pfarrkirche*
Oben rechts: *Das Brezerhaus in Rutzersdorf*

Seite 109 oben: *Die neue Ortsdurchfahrt von Sarleinsbach mit Musikheim und Bücherei*
Seite 109 unten links: *Fassadendetail des Brezerhauses*
Seite 109 unten rechts: *Auch der Weißstorch zählt zu den Bewohnern im Tal der Kleinen Mühl*

Das Musikheim ist als moderner, in kräftigem Karminrot gehaltener Torbau über der Bräugasse ausgeführt. „Des schiache Haus is net wert, fotografiert zu werden", spricht mich ein ergrimmter Bürger an. Ich vermeide, ihm recht zu geben. Das Gebäude setzt einen mutigen Akzent in das historische Ensemble. Es zu beurteilen fällt mir schwer, aber die Qualität seiner Architektur ist sicher eine ernsthafte Beschäftigung mit ihr wert.
Jenseits der Kleinen Mühl erhebt sich das mächtige Renaissanceschloss Sprinzenstein mit seinem zweigeschossigen Arkadengang auf hohen Felsen über dem Fluss. Auch dieser Bau geht aus einer mittelalterlichen Burganlage hervor und wurde nach Bränden immer wieder umgebaut und erweitert.
In Rutzersdorf lohnt nicht nur die vorzügliche Jausenstation einen Besuch des Brezerhauses, eines Bauernhofes aus dem 16. Jh. Der breit gelagerte Museumshof mit Resten alter Fassadenmalereien, Holzbalkon und Brettergiebel wirkt unter seinem mit Steinen stabilisierten Schindeldach durchaus alpin.

Strahlenförmig führen die Gassen Peilsteins von der zentralen, am höchsten Punkt des Ortshügels erbauten Pfarrkirche hinaus in die abwechslungsreich bewirtschaftete, reizvolle Umgebung.

Meran wird ob seines milden Klimas auch das Julbach Südtirols genannt! Oder doch umgekehrt? Die Verdrehung dieses Vergleichs offenbart jedenfalls seine Absurdität, zumal ihn der Ort doch gar nicht nötig hat. Der Höhenrücken zwischen Großer und Kleiner Mühl, an dessen Südhang sich Julbach hinzieht, lädt zu Wanderungen ein. Alte, teils terrassierte Flurformen mit Steinmauern umgeben die verstreuten Weiler. Das Heimathaus von Bräuerau zeigt volkskundliche Sammlungen – die Steinbrüche gegen Schlägl hin sind für den Geologen aufschlussreich.

FRISIERS

BLICK ZU DEN NACHBARN

Freistaat
Bayern
C
1844

Entlang der bayerischen Grenze

Im äußersten Westen schließt der Bayerische Wald an das Mühlviertel an. Die Ranna aufwärts gelangt man nach Oberkappel und weiter nach Kollerschlag und Nebelberg diesseits und Wegscheid jenseits der Grenze.

Der Tiefblick vom Penzenstein auf Engelhartszell ist eindrucksvoll. Wie eine Modellanlage breiten sich der Ort und das Trappistenkloster Engelszell unter uns aus. Gut kann man erkennen, wo die alten Straßenzüge liegen, wo die neueren Siedlungen entstanden.
Auf der Donau fahren Schiffe zum Kraftwerk Jochenstein.

Weithin sichtbar thront das Schloss Rannariedl oberhalb der Rannamündung in die Donau. Zu besichtigen ist es leider nicht. Von Niederranna führt der Falkensteiner Weg durch das einsame Tal zur gleichnamigen Ruine, der Rannatalweg zum Stausee. Schön ist es, entlang seiner unverbauten Ufer bis nach Oberkappel zu paddeln. Etwas nördlich lädt der Rannasee zum Bade in Bayern.

Nördlich von Nebelberg und westlich von Julbach liegt in der flachhügeligen, dünn besiedelten Landschaft um den Schiffler Wald das alte Zollhaus von Kohlstatt. Die Wirtsleute des Gasthauses boten uns sogar am Ruhetag Kost und Logis von hoher Qualität. Die schöne Umgebung mit Blick zum Plöckenstein eignet sich ideal zum Radfahren und Wandern, bereits im Bayerischen lohnt die Besteigung der Aussichtswarte auf dem 930 m hohen Friedrichsberg.

Vom Berggasthof in Oberschwarzenberg sind 500 Höhenmeter zu bezwingen, um den 1 379 m hohen Gipfel des Plöckensteins zu erreichen. Ein steiler Weg führt, das Adalbert-Stifter-Denkmal passierend, zum 300 m tiefer gelegenen Plöckensteiner See hinab. Vorbei am Steinernen Meer führt der Nordwaldkammweg zum nahen Dreisesselberg. Die Aussicht von den kühnen Gipfelfelsen des Hochsteins ist hervorragend, wenn auch etwas bizarr, da der dortige Fichtenforst gerade im Begriff ist, borkenkäferbedingt großflächig einzugehen.

Vorhergehende Doppelseite: *Bilck auf die Dächer von Krumau / Český Krumlov*
Oben: *Granit-Steinsessel am Dreisesselberg*
Mitte: *Zwei Weidenstühle im Schloss Altenhof.*
Unten: *Die Staumauer des Rannastausees*
Seite 112 oben: *Blick vom Penzenstein auf Engelhartszell und Jochenstein*
Seite 112 unten links: *Die Grenze zu Bayern am Dreisesselberg*
Seite 112 unten rechts: *Gipfel des Hochsteins*

Der Stacheldrahtzaun – ein Relikt aus längst vergangenen Tagen

Vom „Todesstreifen“ zum „Grünen Band“

Die jüngere Geschichte des Mühlviertels ist geprägt durch seine Lage am Eisernen Vorhang, der 40 Jahre lang Osteuropa vom Westen trennte. Diese unmenschliche Grenze war mehr als nur eine politisch-ideologische: Metallzäune, Stacheldraht, Wachtürme, Mauern, Bunker, Minen und Selbstschussanlagen bildeten eine unüberwindbare Barriere und trennten benachbarte Länder voneinander. Für die Bevölkerung in der Grenzregion zwischen dem Mühlviertel und der Tschechoslowakei war diese Zeit mit großen Schwierigkeiten und Entbehrungen verbunden. Und auch wirtschaftlich und strukturell gelangte das Mühlviertel durch seine Lage am Eisernen Vorhang ins Hintertreffen. Die Gebiete unmittelbar an der Grenze blieben dünn besiedelt und waren kaum bewirtschaftet.

Dies hatte jedoch einen positiven Nebeneffekt: Zahlreiche wertvolle Lebensräume, wie beispielsweise naturnahe Wälder, artenreiche Wiesen, Gewässer und Moore, blieben unverändert und unbeeinflusst von menschlichen Aktivitäten erhalten. Daher diente das Niemandsland entlang der Grenze vielen Tieren und Pflanzen als Rückzugsgebiet und Ausbreitungskorridor. Die Natur erhielt hier eine 40 Jahre lange Atempause. Der ehemalige „Todesstreifen“ verwandelte sich nach und nach in ein „Grünes Band“. Im größten und ehrgeizigsten Naturschutzprojekt Europas sollen die Lebensräume entlang des „Grünen Bandes“ nun unter Schutz gestellt werden. Besondere Juwelen im oberösterreichischen Abschnitt des „Grünen Bandes“ sind der Böhmerwald und der weite Talboden der mäandrierenden Maltsch bei Leopoldschlag.

Der ehemalige Todesstreifen an der Grenze zwischen Österreich und der Tschechischen Republick

Der Schwarzenbergsche Schwemmkanal

Skulptur „Spiegel“ am Schwarzenbergschen Schwemmkanal in Sonnenwald

Lange Zeit konnte das Holz aus dem Böhmerwald nur sehr eingeschränkt genutzt werden. Zu abgelegen und unzugänglich war die Region. Dies sollte sich jedoch Ende des 18. Jh. ändern, als Fürst Johann zu Schwarzenberg den Bau eines Schwemmkanals in Auftrag gab. Auf diesem Kanal konnte das Holz aus dem Norden des Mühlviertels in die Große Mühl und dann weiter bis zur Donau geschwemmt werden.
Der Schwarzenbergsche Schwemmkanal ist eine wahre technische Meisterleistung und wurde zur Zeit seiner Errichtung als achtes Weltwunder gefeiert. Er verband das Flusssystem der Moldau mit dem der Donau. Der Kanal nahm seinen Ausgang an der bayerisch-tschechischen Grenze, überwand die zentraleuropäische Hauptwasserscheide und führte bis zur Großen Mühl. In Untermühl wurde das Holz in großen Rechen abgefangen, auf Schiffe verladen und nach Wien transportiert.
Da der Holzbedarf kontinuierlich anstieg, wurde die künstliche Wasserstraße bis ins 19. Jh. hinein mehrfach umgebaut und erweitert, bis sie schließlich eine Länge von mehr als 50 km erreichte. Dabei führte der Kanal auf einer Strecke von 400 m durch den ersten Tunnel Mitteleuropas.
Die Schwemme von bis zu acht Millionen Raummeter Holz erfolgte im Frühjahr, zur Zeit der Schneeschmelze.
In der zweiten Hälfte des 19. Jh. verlor der Kanal nach und nach an Bedeutung. Brennholz wurde durch Kohle ersetzt und der Ausbau der Eisenbahn ermöglichte einen einfacheren und billigeren Transport des Holzes.

Der Schwarzenbergsche Schwemmkanal

Das Stifterland an der Moldau

Der Landstrich nördlich des ehemaligen Eisernen Vorhangs, verwildert und fast menschenleer, ist ein Ruheraum zwischen der Mühlviertler und der südböhmischen Kulturlandschaft.

Die mächtige Turmburg des erloschenen Geschlechts der Witigonen, Wittinghausen, bietet einen herrlichen Rundblick über ihre ehemaligen Ländereien in Böhmen und Österreich. Vítkův kámen heißt sie heute und erhebt sich auf gewaltigen Granitblöcken in 1 035 m Höhe oberhalb des kleinen Dorfes St. Thomas / Svatý Tomáš. Inspiriert von Burg und Geschlecht der Witigonen verfasste Adalbert Stifter den Roman „Witiko".

Der gnadenlos dumme Hass des Nationalismus hat dafür gesorgt, dass die umgebenden Gehöfte und Felder weitgehend verödet sind. Ethnisch sauber ist jetzt alles, die jüdische Bevölkerung vernichtet, nördlich von Rosenberg / Rožmberk erinnert nurmehr ein alter Friedhof an sie. Einstige kulturelle Vielfalt wurde durch die Verbrechen während und nach dem 2. Weltkrieg zerstört. Und doch kann man sich kaum ein schöneres Land vorstellen als dieses Zwischenreich, in dem die Pflanzenwelt ungestört altes Kulturland überformt. Knorrige Obstbäume zeigen an, wo sich früher belebte Höfe befanden, Wiesen und Weiden verbuschen.

Das Südufer des Moldaustausees zwischen Neuofen / Nová Pec und Vorder Heuraffl / Přední Výtoň ist nahezu unverbaut. Mit einem Boot, ja einer Luftmatratze diese einsamen Ufer entlangzugleiten führt in eine andere, ruhige Welt.

Die Strände zwischen Oberplan / Horní Planá, Friedberg / Frymburk, mit Fähren leicht erreichbar, erinnern eher an die obere Adria. Feriensiedlungen, Campingplätze, Strandcafés, Grillbuden und Bootsverleih – alles da, was des Touristen Herz begehrt.

Von Hohenfurth / Vyšší Brod bis Krumau / Český Krumlov ist die Moldau mit dem Kanu befahrbar und weiter über Prag bis zu den Weinbergen von Mělník, wo sie in die Elbe mündet.

Oben: *Die Moldau in Böhmen bei Friedberg / Frymburk*

Mitte: *Tafel am Geburtshaus von Adalbert Stifter in Oberplan / Horní Planá*

Unten: *Adalbert-Stifter-Denkmal auf der Linzer Promenade*

Seite 116 oben: *Burgruine Wittinghausen*

Seite 116 unten: *Geburtshaus von Adlabert Stifter*

Der Weg nach Böhmisch Krumau

Oben: *Blick von der Moldau zur Stadtpfarrkirche St. Veit*
Mitte: *Fassadendetail am Schloss Krumau*
Unten: *Geburtshaus des österreichischen Kabarettisten Ernst Waldbrunn*
Seite 119 oben: *Schloss Krumau*
Seite 119 unten links: *Das Stadttor von Latron / Latrán*
Seite 119 unten rechts: *Die Bürgerhäuser der Horní-Straße von Krumau*

Es war im Dezember 1989, kurz nach der Nelkenrevolution. Im Freundeskreis beschlossen wir, eine Expedition in den unbekannten Norden zu wagen. Prag war uns oberflächlich bekannt, doch vom Land dazwischen hatten wir keine Ahnung.

Ein kalter Wintertag, dicke Wolken, Neuschnee, Dämmerlicht. Gleich nach dem Grenzübergang Weigetschlag überquert ein Wildschweinrudel die Schneefahrbahn im Niemandsland. Begeisterung – was wird uns noch erwarten?!

Weigetschlag / Studánky menschenleer, der große Platz von Hohenfurth / Vyšší Brod ist grau, morbid, beeindruckend. Eine Zeitreise, wie weit zurück? Zwischenkriegszeit? Aus den Schneebergen ragen bizarre Strommasten mit großen Isolatoren und Peitschenlampen mit den allgegenwärtigen Lautsprechern. Der Kohlenrauch des Hausbrandes schwängert die diesige Luft. Eisschollen treiben träge auf dem schwarzen Wasser der Moldau, stoßen knirschend aneinander. So gar nicht passt dieses Bild zu Smetanas strahlender Musik.
Durch eine altehrwürdige Eichenallee folgen wir kilometerlang dem Lauf des Flusses. Bei uns im Westen wäre sie schon längst gerodet. Nach einer Biegung kommen die Burgen Rosenberger / Rožmberks in Sicht. Wir sind sprachlos, nichts haben wir von diesem Land gewusst. Mittelalterliche, barocke Häuser, der alte Putz vom Kohlenrauch geschwärzt.
Kurz nach dem Ort links der Straße eine alte Mauer. Wir steigen aus, stapfen im tiefen Schnee durch ein halb geöffnetes, verrostetes Gatter. „Bloch", „Schneider", „Grünbaum" steht auf den Grabsteinen. Die älteren Gräber mit hebräischen Lettern, das jüngste von 1946. Dann nichts mehr. Erschütterung ob unserer Vergangenheit. Sei sie uns Auftrag ...

Weiter durch ein einsames Tal flussab nach Norden, es wird finster. Dicke Rauchschwaden und Gestank in Zaton. Beängstigend. Schichtwechsel, die Arbeiter verlassen das desolate Werk und strömen zu den Bussen. Nachdenkliche, müde Menschen, scherzende Gruppen, viele Frauen.

KNIHY
KRČMA

Oben: *Barockes Fassadendetail an einem Krumauer Bürgerhaus*
Unten: *Altes Mühlrad der Stadtmühle Krumau*
Oben rechts: *Fantastische Fassadenmalerei an der Vorburg*

Seite 121 oben: *Gotischer Erker und Holzveranda über der Mansá-Straße*
Seite 121 unten links: *Blick auf die ehemalige Bürgerspitalskirche und den Schlossturm*
Seite 121 unten rechts: *Die Mantelbrücke wurde 1767 als Verbindungsgang vom Schloss zum Garten und zum Theater erbaut*

Endlich Krumau / Český Krumlov, wir parken den Wagen an der Moldau, schlendern auf verschneiten Wegen in die dunkle Stadt. Hinter ergrauten, brüchigen Fassaden hin und wieder ein fahles Licht, viele Häuser unbewohnt. Doch dieser Reichtum an Stilen, Dekor und architektonischen Details!

„Na Mestu Vidne" / „Zur Stadt Wien". Die Bierstube gemütlich, viele Arbeiter in blauen Monturen. Kaum lesbar die Speisekarte, blasse Schreibmaschinenlettern auf Spiritusmatrize. Wir verstehen ohnehin nur Bahnhof.
Der Kellner spricht gutes Deutsch. Wir sind überrascht. Elegant steht er vor uns in seinem leicht speckigen, schwarzen Frack. Kecker Schnurrbart, die längeren, ergrauten Haare hat er zu einem Schwanz gebunden. Kapr na kmíně, empfiehlt er uns.
Der Karpfen, filetiert, auf Kümmel leicht angeröstet, schmeckt fantastisch, auch die Bramburi, die Kartoffeln. Ein würzig dunkles Bier dazu. Wir haben noch nicht ausgetrunken, steht schon das nächste da. Mit dem Kugelschreiber wird's am Bierdeckel vermerkt. Das lassen wir uns gern gefallen, haben wir doch schon beschlossen, die Nacht hier zu verbringen. Gut gesättigt, fröhlich lehnen wir uns zurück. Beim Abräumen nimmt der Herr Ober eine saubere Papierserviette und tupft mir flink die Lippen. Ich bin platt. Verschmitzt lacht er mich an.

Mittlerweile ist Krumau zu einer der Toptouristenattraktionen Europas avanciert, auf den Speisekarten hat der Pangasius den Kapr na kmíně abgelöst. Präzise Restaurierungen verdrängen den morbiden Charme vergangener Zeiten. Sie können wählen – ob Sie an strahlenden Sommerwochenenden inmitten der Touristenmassen Eiskaffee löffeln oder an einsamen Novembertagen den Hauch der Weißen Frau erahnen wollen.

ENTLANG DER DONAU

OBELIX

Von der Schlögener Schlinge zum Ameisberg

Das abwechslungsreiche Hinterland des Donauradweges lockt mit seinen vielen Sehenswürdigkeiten zu ausgedehnten Abstechern. Die Täler der Ranna und Kleinen Mühl durchbrechen die steilen Hänge des Donautals und ermöglichen den Zugang auf aussichtsreiche Höhen.

Die Hänge der Donauleiten werden von mehreren Burgen und Ruinen bewacht. Das Kerschbaumer Schlössl steht auf einem steilen Felsrücken in der Schlögener Schlinge. Von dort führt ein gemütlicher Weg hinab zum alten Edelsitz Freizell direkt am Donauufer. Auf einem schmalen Steig lassen sich die 200 Höhenmeter hinauf zum Schloss Marsbach leicht überwinden. In dominanter Lage blickt die älteste urkundlich genannte Burg des Mühlviertels (1075) weit über das obere Donautal.

Auf einem steil zur Ranna hin abfallenden Felsriegel liegt einsam die eindrucksvolle Burgruine Falkenstein. Etwas Entdeckerfreude braucht es, um den Burgstall der ehemaligen Burg Peilstein zu finden. Er befindet sich nordwestlich des Meierhofes von Schloss Altenhof mit der Hausnummer Falkenstein 2.

Monumental thront das barockisierte Renaissanceschloss Altenhof auf einer terrassierten Bergkuppe steil über der Ranna. Durch den Schlosspark mit edlen Gehölzen erreicht man die vierflügelig um einen quadratischen Innenhof errichtete Anlage. Die exponierte Kapelle samt Klösterl, eine Sala terrena mit Grotte und Arkaden und das Wirtschaftsgebäude fügen sich zu einem besuchenswerten Ensemble.

In Hofkirchen prägen breit gelagerte Ackerbürgerhäuser den langen, schmal zur barocken Kirche hin ansteigenden Marktplatz mit Pranger und Brunnen.

Der Kirchweiler Pfarrkirchen liegt auf einer hohen Hügelkuppe 817 m über dem Meer. Seine Häuser gruppieren sich um das Kirchenareal. Ringförmig werden Pfarrkirche und Loretokapelle von der Friedhofsmauer umfasst.

Vorherige Doppelseite: *Blick über die Donau nach St. Nikola*
Oben: *Donaufähre in Obermühl*
Mitte: *Schloss Marsbach*
Unten: *Der Garten des Schlosses Altenhof*
Seite 124 oben: *Schloss Altenhof*
Seite 124 unten links: *Donauzillen in Niederranna*
Seite 124 unten rechts: *Ehemaliger Getreidespeicher in Obermühl (um 1618)*

Die Durchfahrt unter dem Glockenturm mit seinen Anbauten ermöglicht den Zugang zum Areal.
Aus der Zeit, als Pfarrkirchen der religiöse Mittelpunkt des Mühlviertels westlich der Mühl war, stammen die Reste der romanischen Wandmalerei an der Nordwand des Langhauses der oft umgebauten Wandpfeilerkirche.
Erst seit 1993 sind die prächtigen Wandmalereien von Giovanni Carlone frei gelegt. Bemerkenswert, wie der Meister die gebaute Architektur mit malerischen Mitteln teils akzentuiert, teils umdeutet. Weiße Wandflächen kontrastieren reizvoll mit bunter, barocker Farbgestaltung. Elegante Engelshermen, die prunkvolle Kanzel und der mächtige Hochaltar prägen den hellen, festlichen Raum.

Die Loretokapelle wurde, der Tradition entsprechend, als Nachbildung der Casa santa von Loreto 1693 in eine bestehende größere Kapelle eingebaut. Eigenartig manieriert wirkt ihre Innenausstattung mit einer Kopie der Schwarzen Madonna von Loreto, an den Wänden sind gesprungene Ziegelmauern mit Freskenresten imitiert. Den Korridor um die Kapelle zieren drei Türen mit goldhinterlegter Malerei.

Der Ameisberg erhebt sich mit 941 m bereits 660 m über die Donau. Viele reizvolle Wanderwege führen zu seiner Gipfelwarte. Seit 1903 ermöglicht der Besuch des 26 m hohen Aussichtsturmes einen weiten Rundblick über das Mühlviertel und den Bayerischen Wald, über den Sauwald bis hin zu den Alpen.

Oben: *Stuckierte Engelsherme von Giovanni Battista Carlone*
Unten: Die *Mariä-Himmelfahrt-Kirche von Pfarrkirchen zählt zu den Meisterwerken von Giovanni Battista Carlone*
Rechts: *Die Wandmalereien um 1240 zeugen vom romanischen Ursprung der Kirche*

Seite 127 oben: *Detailaufnahme des Altarraums mit Engelsherme*
Seite 127 unten links: *Der hl. Bartholomäus mit Darstellung seines Martyriums, 1737*
Seite 127 unten rechts: *Barockisierte spätgotische Wandpfeiler und Stichkappentonnengewölbe mit Wandmalereien von Giovanni Carlone*

Schloss Neuhaus ob der Donau

Weithin sichtbar kontrolliert die zum Schloss ausgebaute Burganlage seit 1280 das obere Donautal. Auf einem schmalen Felsrücken ziehen sich die Hauptburg mit mächtiger Schildmauer, das Neue Schloss mit Bergfried und Burgkapelle sowie die Vorburg lang gestreckt dahin.

Über eine 1640 gepflanzte Hainbuchenallee erreicht man die Vorburg mit Burggraben, Torbau und Pförtnerhaus. Der Bergfried ragt auf fünfeckigem Grundriss 40 m hoch empor. Im Erdgeschoss sind die Mauern 4 m dick. An den Ecken des obersten Wehrgeschosses befinden sich fünf figürliche Wasserspeier. Was die Schaunberger von den Habsburgern hielten, kann man an jenem Wasserspeier erkennen, der nach Osten, gegen Wien, gerichtet ist. Er ist als menschliches Hinterteil ausgebildet, während die übrigen Speier Menschen- oder Tierköpfe darstellen. Eine kreuzgratgewölbte Durchfahrt durchquert die gesamte Länge des barockisierten Neuen Schlosses. Sie führt weiter durch Innenhöfe zur unbewohnten Hauptburg mit ihren zahlreichen spätgotischen Baudetails.
Südlich der Anlage schmückt ein barockes Steinbecken den terrassenförmig angelegten Donaugarten. Darunter beheimaten die Kiefern-Eichen-Wälder, Felsburgen und Trockenrasen der Donauleiten seltene Pflanzen- und Tierarten und stehen daher unter Naturschutz. Dort ragt auf senkrechtem Fels der Kettenturm über den Strom.
Vor dem Schloss sieht man das Bogenviadukt der alten Feldbahn. Von 1872 bis 1925 wurde mit ihr Granit von den Plöckinger Steinbrüchen zum Verladekran an der Donau transportiert. Die zweigleisige Bremsberg-Drahtseilbahn erreicht ein Gefälle von 50 %. Mehr über den Granitabbau und die Geologie Österreichs erfährt man in der Erlebniswelt Granit im nahen Plöcking.
Kurz vor der Mündung der Großen Mühl, gegenüber der Ruine Partenstein, erzeugt das gleichnamige Kraftwerk seit 1924 Elektrizität. Die späte Jugendstilarchitektur der ersten Großwasserkraftanlage Österreichs ist reizvoll von wildem Wein überwachsen. Etwas flussabwärts, im Erholungsort Untermühl, wurde in großen Rechen das Scheitholz des Schwarzenbergschen Schwemmkanals gesammelt.

Oben: *Blick von der Durchfahrt auf das Pförtnerhaus*
Mitte: *Segmentbogenöffnung im westlichen Wohnturm des Alten Schlosses*
Unten: *Blick vom Donaugarten auf das Neue Schloss*
Seite 128 oben: *Bergfried und Neues Schloss*
Seite 128 unten links: *Tiefblick zur Donau bei Untermühl*
Seite 128 unten rechts: *Baukörper des Alten Schlosses*

Donaumärkte Ottensheim und Mauthausen

Oben: *Hausschild vom Gasthof zur Traube in Mauthausen*
Mitte: *Neobarocke Villa Poschacher in Mauthausen*
Unten: *Fährmann in Mauthausen*
Seite 131 oben: *Blick auf Ottensheim und die Drahtseilfähre*
Seite 131 unten links: *Mauthausen, von der Donau aus betrachtet*
Seite 131 unten rechts: *Die Bezirksgerichtsgasse in Mauthausen mit Blick zur Kirche*

Würdig ist es, stilvoll für den Fremden, Mühlviertler Gestade mit dem Schiff anzulanden und dem stolzen Fährmann seinen gerechten Obolus zu zollen. Die Ottensheimer Fähre bietet sich an.

Die Überfuhr vom Wilheringer Ufer ermöglicht den schönsten Blick auf Donau, Markt und Schloss. Geht man an Land, steigt nach dem Ländeplatz der Marktplatz bald steil an, um den Hochwassern zu weichen. Doch gegen die Brände nützte dies nichts, seit dem großen Brand von 1899 sind die Fassaden meist klassizistisch, wenn auch die Bausubstanz vieler Häuser aus dem 16. Jh stammt. Die spätgotische Pfarrkirche mit ihren eleganten Netz- und Sternrippengewölben ist sehr sehenswert.
Warum aber die Streusiedlung jenseits der Mühlkreisbahn, hinter dem Ziegelwerk, zur Lehmgrube hinauf, seit jeher Weingarten heißt? Dreimal dürfen Sie raten.

Mauthausen hat sich von der Zerstörung im Jahre 1189 durch ob des Mauttarifs erzürnte Kreuzritter sichtlich gut erholt. Seine Vedute ist beeindruckend: Entlang des Donaukais zieht sich die Schaufront unter dem Kirchenberg mit Karner, Pfarrhof und dem Salzturm weit hin.
Schloss Pragstein, stromauf gelegen, hat gegen die Strömung eine schiffskielartige Spitze, stand es doch bis vor 150 Jahren auf einer Felseninsel. Der Donauarm ist zugeschüttet, aber bei Hochwasser ist es immer noch in Insellage, teilt der granitene Kiel die Fluten.
In der Kirche finden sich Wandmalereien aus spätester Gotik und Barock. Im Karner, einem romanischen Rundbau, haben, höchst selten, Fresken des Zackenstils seit 1280 die Jahrhunderte überdauert. Außen grüßt ein hl. Christophorus schützend die Schiffer, trägt er doch selber das Jesuskind sicher über die Fluten. Und dass der Donauhandel den Mauthausener Bürgern zu Wohlstand verhalf, sieht man an den Fassaden ihrer Häuser.

Grein – das Tor zum Strudengau

Der Strudengau ist ein höchst eindrucksvolles Durchbruchstal im Verlauf des Donaustroms. Seine Pforte bewacht das monumentale Schloss Greinburg.

Zu Füßen dieses Schlosses liegt in geschützter Donaubucht die pittoreske Stadt Grein. Bis zum Beginn der Dampfschifffahrt ein wichtiger Verkehrs- und Handelsort, Schifflandungsplatz zum Umladen der Fracht für Überlandtransporte sowie für den Einsatz von Lotsendiensten. Erst mit Fertigstellung des Kraftwerks Ybbs-Persenbeug und der Sprengung des Schwallecks 1958 werden die gefährlichen Stromschnellen, Felsenriffe und Wirbel entschärft, die 1696 begonnenen Regulierungsarbeiten beendet. Ein neuralgischer Punkt der Donauschifffahrt ist der Strudengau jedoch bis heute.
Die Stadt weiß von diesen Gefahren zu profitieren, wie die bedeutende historische Verbauung um den kleinen Stadtplatz zeigt.
Ein besonderes Schmuckstück ist das älteste erhaltene Stadttheater Österreichs (1790) im Alten Rathaus. Der Theatersaal ist im spätbarocken und klassizistischen Formenschatz original erhalten. Als preziösestes Juwel dieses Diadems funkelt gleichsam der historische Abort. Dem Zuschauerraum ist er seitlich angeschlossen, mit Blickkontakt zur Bühne, nur durch duftigen Vorhang von den Sperrsitzen getrennt. Erhebend der Gedanke, wie sehr die kultivierten Theaterbesucher Greins über die verdaulichen Befindlichkeiten ihrer honorigen Mitbürger Bescheid wussten. Eine gewisse Großzügigkeit scheint ihnen generell eigen gewesen zu sein, unseren Altvorderen – auch den rechtmäßig hinter Schloss und Riegel gebrachten Delinquenten war es gestattet, den theatralischen Darbietungen des Hauses durch ein kleines Fenster im anliegenden Gemeindekotter teilhaftig zu sein. Oder war dies Strafverschärfung?

Nach so viel Geschichte tut ein Espresso, auf der sonnigen Terrasse der modernen Kaffee-Konditorei mit Donaublick genossen, wirklich gut. Der Geschmack

Oben: *Bürgerhäuser am Stadtplatz von Grein*
Mitte: *Stadttheater Grein, Theatersaal mit Sperrsitzen und Bühne*
Unten: *Museumsraum im Stadttheater*

Seite 132 oben: *Blick über die Donau auf das Schloss Greinburg und Grein*
Seite 132 unten: *Die Bühnengalerie des Stadttheaters von Grein*

Oben: *Das düstere Gemälde im Schifffahrtsmuseum von Schloss Greinburg lässt auf die einstigen Gefahren des Strudengaus schließen*
Mitte: *Schifffahrtsmuseum, Schild eines Schiffsmeisterhauses mit Donauplätte*
Unten: *Spätgotisches Zellengewölbe im Schloss Greinburg*
Oben rechts: *Schifffahrtsmuseum, Modell eines alten Frachters der ehemaligen Donau-Dampfschiffahrts-Gesellschaft*

Seite 135 oben: *Sala terrena als künstliche Grotte, 1. Hälfte 17. Jh., mit farbigen Donaukieseln ausgekleidet*
Seite 135 unten: *Brunnen im Arkadenhof von Schloss Greinburg*

der Torte ist sehr erfreulich, die einer der aufliegenden Zeitungen entnommenen Nachrichten weniger: Kleingeist, Gier und Fremdenhass.

Vielleicht liegt darin ein wesentlicher Reiz meiner Beschäftigung mit Vergangenem: Das Werk des Menschen ist in Form gegossen, lässt sich in Architektur und Künsten fein studieren, bisweilen in vollendeter, Bestürzung, Klarheit und Freude vermittelnder Qualität. Der Geschmack ist rückblickend kanonisiert, ob ein Kunstwerk der Alten trefflich sei, ob nicht, wurde längst schon diskutiert, bewertet. Das Allzumenschliche ist ausgeblendet, Verbrechen gegen die Menschheit gewinnen durch die zeitliche Distanz unverdient etwas wie Größe und selber logiert man bequem in der Pose des Beobachters, gerade wie ein Gott. Es kann schon passieren, dass künstlerischer Ausdruck, um den der Meister hart gerungen hat, in der Wahrnehmung des Rezipienten zu bequemem Kitsch verflacht. Das Augenmerk auf Irritierendes zu richten hilft, diese Banalisierung zu vermeiden.

In diesen Gedanken versunken spaziere ich unter den Baumriesen des Schlossparks – Blutbuchen, Eiben, Bergahorne – zur stolz über der Donau thronenden Greinburg hinauf.
Den Arkadenhof mit seinen Laubengängen, das spätgotische Zellengewölbe, die Sala terrena als Beispiel für manieristische Fest- und Grottenkultur, die weiträumigen, das Schifffahrtsmuseum beherbergenden Säle, die stuckierten Decken, alles dies und noch viel mehr aufmerksam zu besichtigen ist obligat. Wirklich! Die normative Kraft des Faktischen lässt aufkeimende Bedenken über die Auswirkungen feudalistischer Standesunterschiede auf die Lebensumstände der Hörigen als kleinlich erscheinen. Wirklich? Und wie halten wir es in der Gegenwart?

In meinem guten alten, aufblasbaren, knallgelben Kajak von Semperit (1976) lasse ich mich die Donau hinuntertreiben. Eine Flasche mit frischem Quellwasser und eine mit einem reichhaltigen Cabernet Franc von Freund Erich aus Mitterretzbach sind mit an Bord. Dazu noch frisches Brot und Bregenzerwälder Almkäse. So bin ich in guter Gesellschaft. Diese wird in den nächsten Stunden genüsslich einverleibt werden. Hin und wieder ein Ruderschlag, da einem Schiff ausweichen, dort anlanden, schauen, weitergleiten.

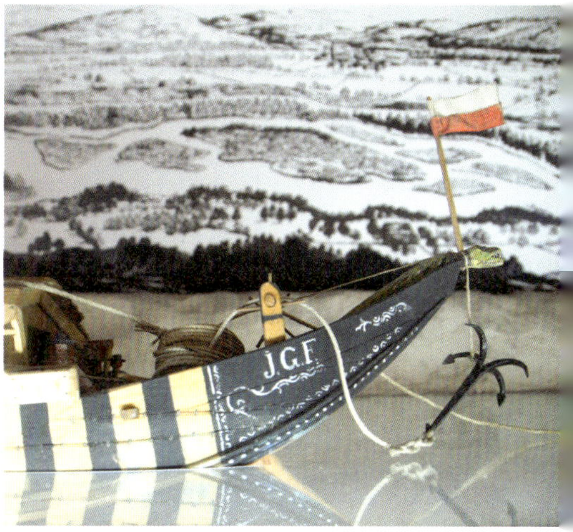

Rückstaubedingt träge ist die Strömung der Donau. Im Wasser schwebender, durch die Gletscher zermahlener Glimmer spiegelt sich das Sonnenlicht. Bis nach Ungarn hinein haben früher die Menschen Tauerngold aus den Sandbänken gewaschen. Waldreiche Ufer, einzelne Felsen, das Brummen der Autos von der Bundesstraße her. Bis Weins werde ich heute noch fahren, von dort dann mit der Donauuferbahn stromauf zurück. Gerne bummle ich mit diesen Nebenbahnen durch das Land.
Von der Insel Wörth grüßt das 4 m hohe, granitene Schifferkreuz. 1552 wurde es auf den Ruinen der Wörthburg errichtet, die wiederum auf einem römischen Kastell steht. Die Wörthburg bildete mit der Burg Werfenstein am anderen Ufer ein Befestigungssystem, von dem aus die Donau mittels Ketten gesperrt werden konnte.

In Struden prangt eine monumentale Wandmalerei des Doppeladlers am ehemaligen kaiserlichen Mauthaus. Auf einem gewaltigen Felsblock steht die im Kern romanische Pfarrkirche über dem Ort St. Nikola mit seinen alten Schiffmeisterhäusern, Gasthöfen und einer ehemaligen Brauerei.

Am Ortsanfang von Sarmingstein bewacht ein Rundturm den Donaustrom, 1488 errichtet, diente er mit der heute überstauten Uferbastion als Straßen- und Flusssperre. Hoch darüber, auf den Felsen des Schlosskogels, bietet sich von den Mauerresten der Burgruine Sarmingstein eine weite Aussicht auf die Alpen, das Donautal und den Ort.
Über der Schlucht des Sarmingbaches erhebt sich die ehemalige Anker- und Hammerschmiede Exenberger mit ihren reizvollen Terrakottareliefs aus der Zeit des Biedermeier.

In Hirschenau, gegenüber der Ruine Freyenstein, verlässt die Donau Oberösterreich – 228 m über der Triestiner Adria, 2 068 km bis zur Mündung in das Schwarze Meer.

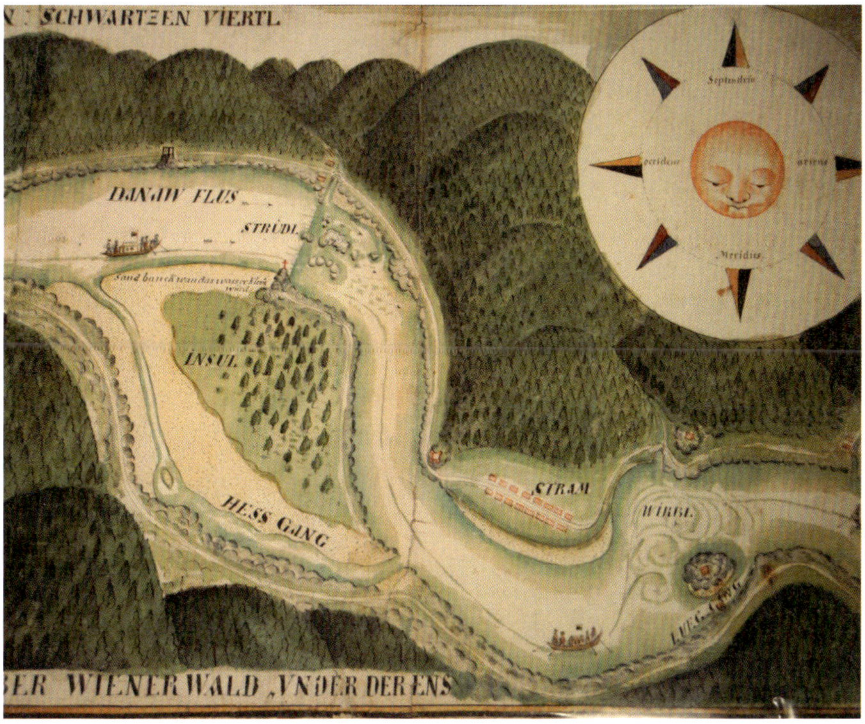

Oben: *Donauuferbahn bei St. Nikola*
Mitte: *Blick auf Sarmingstein im Strudengau*
Unten: *Modell, Detail eines historischen Schifferzugs*
Rechts: *Historische Karte der Insel Wörth und des Donaustrudels*
Seite 136 oben links: *Pfarrhof und Kirche von St. Nikola*
Seite 136 oben rechts: *Motorzille im Hössgang*
Seite 136 unten: *Heutiges Donau-Frachtschiff, im Vordergrund Donauwellsand – ein Zeichen für jüngste Überschwemmungen*

1677

PERG UND SEIN HINTERLAND

Perg, die betriebsame Kleinstadt

Wo die Naarn aus ihrem waldreichen Tal in die fruchtbare Ebene des Machlandes tritt, liegt die lebendige Bezirkshauptstadt Perg. 1269 wurde ihr das Marktrecht verliehen, 1969 erfolgte die Stadterhebung.

Seine 8 000 Einwohner leben von Handel, Gewerbe, Industrie und Landwirtschaft, über 3 000 Schüler besuchen die Perger Schulen.
Schön ist die Aussicht vom spätbarocken Rundbau der Kalvarienbergkirche über die Stadt und das weite Machland, über das Alpenvorland zu den Nördlichen Kalkalpen.
Der Hauptplatz mit seinem Pranger, Brunnen, Bäumen und Gastgärten wird von einigen schönen Bürgerhäusern geprägt: Das Seifensiederhaus von 1563 hat filigrane Stuckverzierungen und Fensterkörbe aus dem Barock, das Rathaus ist im klassizistischen Stil gehalten.
Die gotische Stadtpfarrkirche St. Jakobi mit ihrem mächtigen, mit Fresken verzierten Turm beherrscht den Platz. Neun Gewölbefelder wachsen schirmartig aus vier schlanken Säulen und bilden einen großzügigen, weiten Raum.

Die Ratgöbluck'n im Stephaniehain ist ein Erdstall, der vermutlich um 1000 n. Chr. angelegt wurde. Über 100 m weit kann man in sein labyrinthartiges Gang- und Kammersystem vordringen. Gleich nebenan sind Höhlenwohnungen, die bis in die 30er Jahre des 20. Jh. bewohnt waren.
Etwas nördlich wurden im Mühlsteinbruch Scherer von den „Perger Stainprechern" die begehrten Mühlsteine abgebaut. Deren Zunft bestand von 1391 bis 1859. Das Steinbrecherhaus gewährt als ehemaliges Wohnhaus einer Steinarbeiterfamilie mit seinen bescheidenen Zimmern und einer Rauchkuchl Einblick in die frühere Lebensweise.
Die bereits erloschen gewesene Tradition des oberösterreichischen Weinbaues lebt in der Ortschaft Weinzierl wieder auf. Verschiedene Rebsorten wie Chardonnay und Zweigelt reifen auf bester, nach Südosten geneigter Hanglage und werden im Keller zu ausgesprochen erfreulichen Tropfen vinifiziert.

Vorherige Doppelseite: *Innenanansicht der Stiftskirche Waldhausen*
Oben: *Der Perger Stadtplatz mit der Pfarrkirche*
Mitte: *Die Weinberge der Ortschaft Weinzierl*
Unten: *Ein Weinzierler Winzer*
Seite 140 oben links: *Gotisches Rippengewölbe in der Pfarrkirche Perg*
Seite 140 oben rechts: *Seifensiederhaus in Perg*
Seite 140 unten links: *Kuppelfresko in der Kalvarienbergkirche;* rechts: *Kreuzigungsszene*

Das Machland – mehr als nur Felder

Im Hochsommer durch das üppige Machland radelnd, fühlt man sich eher in die Ungarische Tiefebene versetzt, als im Mühlviertel zu weilen. Träge fließen die nur wenige Kilometer flussaufwärts noch so lebendige Aist und Naarn der Donau zu.

Der Aist-Mühlbach, die Schwemmnaarn und viele kleine Bäche mäandrieren durch die Donauauen, in denen sie mit den Altarmen des mächtigen Stromes verwachsen. Im seichten, schlammigen Nass der Altwässer waten Reiher und Störche auf der Suche nach Nahrung. Enten, Gänse und Kormorane flattern in Schwärmen dahin. Vogelgezwitscher, das Rascheln unsichtbarer Tiere im Unterholz, ambitioniertes Froschgequake und das Aufplatschen neugieriger Fische nach ihrem kühnen Sprung aus dem Wasser fügen sich zu einem „vielharmonischen Orchester" (Karl Valentin) seltener Güte.
In manchen Jahren tritt der Strom kilometerweit über die Ufer und einige Weiler wie Pitzing und Eizendorf, die außerhalb des neuen Hochwasserschutzdammes liegen, mussten abgesiedelt werden.

Das rekonstruierte Keltendorf bei Mitterkirchen, die romanische Kirche von Naarn, die Arbinger Wehrkirche, Saxen mit Strindbergmuseum und Kirche, die Burg Clam über ihrer Schlucht und das prächtig barockisierte, romanische Kloster Baumgartenberg erlauben ausgedehnte Besichtigungstouren.
Weiter hinauf ins Hügelland findet man die Ruinen von Mitterberg, Windhaag und Kreuzen, die Schlösser Schwertberg, Auhof und Innerstein, das säkularisierte Dominikanerkloster von Münzbach und, wirklich einzigartig, die Gruft der Altenburger Filialkirche mit ihren Fresken im Stil der Donauschule.

An heißen Tagen locken Badeteiche wie die Fluten der Donau zur Kühlung. In behäbigen Bauernhöfen eingerichtete Mostschänken laden zur Rast, zu deftigen Jausen werden hausgemachte Säfte und die Landessäure in höchster Vielfalt und Qualität ausgeschenkt.

Oben: *Schloss Dornach – im Nebenhaus wohnten August Strindberg und seine Familie*
Mitte: *Blick zur Burg Clam*
Unten: *Wandmalerei in der Gruft der Altenburger Filialkirche*
Seite 143 oben: *Orgelempore im Stift Baumgartenberg und barock verkleidetes romanisches Kreuzrippengewölbe*
Seite 143 unten: *Die Pfarrkirche von Saxen*

Der Naturpark Mühlviertel

St. Thomas am Blasenstein, Rechberg, Bad Zell und Allerheiligen liegen inmitten einer reich gegliederten Kulturlandschaft im Einzugsgebiet von Naarn und Klambach. Kuriose Felsburgen und Wackelsteine prägen das Hügelland mit seinen Wiesen, Äckern und Wäldern.

Der Schwammerling bei Rechberg soll bis zu den Napoleonischen Kriegen schön gewackelt haben, übermütige Militärs wollten ihn dann aber mit Seilen und Hebeln stürzen. Das ist zwar misslungen, gewackelt wird aber aus schweigendem Protest gegen diesen frechen Übergriff nimmermehr.

Riesig erheben sich die zerklüfteten Felsburgen der Zigeunermauer auf halbem Weg zwischen St. Thomas und Pierbach, von dort ist es nicht weit zur Ruine Klingenberg.

Rechberg lockt nicht nur mit seinem Badesee und einem Steinlehrpfad. Beim Freilichtmuseum Großdöllnerhof liegt, leicht zu finden, einer der vielen Pechölsteine des östlichen Mühlviertels. In die relativ glatte, leicht geneigte Steinplatte ist ein blattartiges Rillensystem gemeißelt. Durch dieses rinnt das beim sauerstoffarmen Brennen aus harzreichem Koniferenholz gewonnene Pechöl („Mühlviertler Heilsam") ab. Schon seit der Jungsteinzeit dient Pechöl als Medizin, Dichtungsmittel und Klebstoff, seit dem Mittelalter auch der Beleuchtung, als Achsenschmiere und als gefürchtete Waffe. Beim Abwehrkampf wurde es durch die Pechnasen der belagerten Burgen und Städte auf die Angreifer geschüttet.

Zwei Euro „Beleuchtungsgebühr" ermöglichen das schaurige Vergnügen, dem „luftg'selchten Pfarrer" ins Antlitz zu blicken. In der Gruft der gotischen Wallfahrtskirche von St. Thomas am Blasenstein findet sein natürlich mumifizierter Leichnam nicht wirklich Ruhe.

Der „Obere Burgstall", ein hervorragender Aussichtspunkt neben der Kirche, war Basis einer fünfeckigen Burg, die zwischen 1050 und 1240 bestanden hat.

Nach altem Glauben hilft ein Durchschlüpfen der „Bucklwehluck'n" von Ost nach West gegen Kreuzschmerzen und ähnliches Ungemach. Dieses anmutige Schauspiel, von fröhlichen Ausflüglern an Schönwetterwochenenden gerne dargeboten, vom nahen Bankerl gemütlich zu betrachten ist höchst ergötzlich.

Oben: *Gehöft bei St. Thomas am Blasenstein*
Mitte: *Die Mumie des „luftg'selchten Pfarrers" von St. Thomas*
Unten: *Granit-Schwammerling bei Rechberg*
Seite 144 oben: *Die Kirche von St. Thomas am Blasenstein mit dem Tabernakelpfeiler und der „Bucklwehluck´n".*
Seite 144 unten links: *Bauerngarten in Kleinmaseldorf in St. Thomas am Blasenstein*
Seite 144 unten rechts: *„Zigeunermauern" zwischen St. Thomas und Pierbach*

Waldhausen – am Pulsschlag des Hochbarock

Oben: *Romanisches Kapitell in der Kirche*
Mitte: *Die barocke Deckenmalerei in der Kirche stammt von Georg Hausen*
Unten: *Beeindruckend ist das Gebälk des Dachstuhls der Kirche*
Seite 147 oben links: *Blick durch das Langhaus der Wandpfeilerkirche zum Chor*
Seite 147 oben rechts: *Stuckausstattung und Deckenmalereien von 1661 bis 1667*
Seite 147 unten: *Empore über einer Seitenkapelle*

Die Augustiner-Chorherren waren nicht gerade dafür bekannt, ein Bettelorden zu sein. Unwillig zollte man ihnen die Maut, den Strudel zu passieren, auch wenn diese einzuheben ihr verbrieftes Recht war.

Um höhere Einnahmen zu lukrieren, sandten die Chorherren dann auch Bettelmönche der Franziskaner zu den Schiffen, mit deren Kloster zu Grein sie die Einnahmen teilten.
Beide Klöster wurden aufgelassen, das Waldhausener Stiftsgebäude abgerissen. Der Brunnen findet sich in Melk, Bauteile und Kunstgegenstände in der Franzensburg im Schlosspark Laxenburg.
Doch was übrig blieb, die frei stehende ehemalige Stiftskirche am Schlossberg, ist schlichtweg überwältigend. Der barockisierte romanische Westturm und auch gotische Bauteile wurden vom Baumeister Carlo Canevale in den Neubau (1661–1667) integriert. Absolut großartig das einheitliche, lichtdurchströmte Innere des, als Wandpfeilerkirche ausgeführten, festlichen Saalbaues. Giovanni Battista Colomba entwarf seine Ausstattung und führte die Stuckarbeiten aus, Georg Hausen die Deckenmalereien. Es lohnt, Details aus der überbordenden Fülle zu fokussieren und die hohe Qualität der Stuckfiguren und Malereien wahrzunehmen.
Fragen Sie nach dem Schlüssel für den Westturm, über sein Stiegenhaus erreicht man die Empore. Deren Brüstung bildet mit dem barocken Orgelgehäuse von 1677 eine monumentale Schauwand. Zwei wuchtige romanische Säulen mit Kapitellen künden von der Frühzeit des Stiftes.
Weiter hinauf geht es zur mächtigen Zimmermannsarbeit des Dachbodens.
Der Glockenturm bietet einen schönen Rundblick in die beschauliche Umgebung mit ihrem Badeteich.
Dieser lädt, wenn man, nach der Betrachtung all dieser barocken Figuren, den eigenen Körper wieder heilsam spüren möchte, zum erfrischenden Bade.

FREIZEIT, LAND UND LEUTE

Teichwirt
1 h 10 min
Bad Zell
1 h 55 min
Tourismusverband Bad Zell
Seehöhe 430 m

O-10.564

Andrea Benedetter-Herramhof

Wandern, Radfahren und Reiten

Um den Besuchern die Naturschönheiten der Region nahezubringen, setzt man verstärkt auf sanften Tourismus. Besonders Wanderer, Radfahrer und Reiter kommen im Mühlviertel auf ihre Kosten.

Das sanfthügelige Land lässt sich wunderbar zu Fuß erkunden. Die gemütlichen Wanderwege sind für Familien hervorragend geeignet und garantieren Erholung und Entspannung für alle Altersgruppen. Besonders interessant für Groß und Klein sind zudem die zahlreichen Themenwege, die dem Wanderer die Natur- und Kulturgeschichte des Mühlviertels näherbringen. Und wer dem Wandern gerne ausführlicher frönt, der hat dazu auf den verschiedenen Weitwanderwegen Gelegenheit. Mostheurigen und Jausenstationen bieten unterwegs regionaltypische Köstlichkeiten – Unterkunft findet man in Gasthöfen und Hotels.

Das Radwegenetz ist großartig ausgebaut und ausgesprochen abwechslungsreich. Hier sollte man allerdings die nötige Kondition mitbringen, denn die hügelige Landschaft verlangt dem Radfahrer einiges ab. Kein Wunder also, dass das Mühlviertel vor allem von Mountainbikern besonders geschätzt wird.

Auch die Reiterei hat im Land der Pferdeeisenbahn eine lange Tradition. Die idyllische Landschaft und das ausgedehnte, gut ausgebaute und markierte Reitwegenetz machen das Mühlviertel zu einem Paradies für Wanderreiter. Und wem das sprichwörtliche „Glück auf dem Rücken der Pferde" doch etwas zu hoch liegt, der hat die Möglichkeit, das Mühlviertel zu „erfahren" – mit der Kutsche bzw. mit dem Pferdeschlitten.

Die Bäche und Flüsse der Region laden zu einem erfrischenden Bad ein. Und wer es gerne etwas wärmer hat, fühlt sich an einem der zahlreichen Badeseen wohl. Diese sind zumeist nahturnah gestaltet und fügen sich sehr harmonisch in die Mühlviertler Landschaft ein.

Vorherige Doppelseite: *Abendstimmung bei Dambergschlag*
Oben: *Die Holzplätte sorgt für den Fährverkehr in der Schlögener Schlinge*
Mitte: *Mühlenmuseum Ledermühle bei St. Oswald*
Unten: *Fähre über den Moldaustausee*
Seite 150 oben: *Freizeitvergnügen Wanderreiten*
Seite 150 unten links: *Kunstvoller Wanderwegweiser an der Waldaist*
Seite 150 unten rechts: *Badespaß am Donaustrand*

Oben und unten: *Außenansichten der Fachhochschule Hagenberg*

Im Global Village

IT-Hochburg Hagenberg

Im Umfeld des Schlosses Hagenberg entwickelt sich seit der Gründung des Softwareparks durch Bruno Buchberger im Jahr 1989 eines der dynamischsten und erfolgreichsten Software-Kompetenzzentren Europas.
194 Forscher entwickeln an vier Forschungseinrichtungen informationstechnologische Zukunftslösungen. Auch vier Universitätsinstitute wie die Fakultät für Informatik, Kommunikation und Medien mit insgesamt 402 Lehrenden sowie 40 IT-Unternehmen mit 385 Mitarbeitern sind Teile des Softwareparks Hagenberg. Forschung, Ausbildung und Wirtschaft sind somit in einzigartiger Weise verbunden.
Das umfangreiche Bildungsangebot des modernen Campus mit seiner optimalen Ausstattung wird von über 1 300 Studierenden genutzt. Informationstechnologie in ihren verschiedensten Anwendungsbereichen wie Biologie, Medizin, Medien, Sicherheit, Mobilkommunikation, Business, E-Learning, Fahrzeug- und Unterhaltungselektronik steht im Mittelpunkt der international anerkannten Studienprogramme.
Die Studierenden profitieren vom Praxisbezug, der starken Einbindung in die Forschung und den intensiven Kontakten zu Firmen, Forschungsinstituten und Universitäten im In- und Ausland. Damit eröffnen sich den AbsolventInnen viele spannende Karrierewege in der Zukunftsbranche IT – in Österreich wie bei den „Global Players“.

Oben rechts: *Jonathan Borofsky, Hammering Man, Frankfurt am Main*
Unten rechts: *Anthony Cragg, Cast Clances, Bundesinnung Bau, Wien*

Am Puls der Zeit

Die Werkstatt Kollerschlag

Die Brüder Heinz, Werner und Wolfgang Baumüller gründen 1985 die Werkstatt Kollerschlag. Die ursprüngliche Idee der Galerie war, bedeutende Künstler nach Kollerschlag zu holen und deren Ideen mit ortsansässigen Handwerkern zu realisieren. Im Lauf der Jahre erweiterte sich das Betätigungsfeld. Nur für die traditionellen „Schutzzonen" wie Museen, Galerien und private Sammlungen zu produzieren wurde den Brüdern Baumüller zu wenig. Skulpturen und Installationen im öffentlichen Raum im Zusammenhang mit Architektur zu etablieren wurde zum grundsätzlichen Anliegen. Kunst ist Kommunikation. Daher werden Kunstprojekte auch für Unternehmen konzipiert, realisiert und in das Marketing eingebaut.

Die Qualität der handwerklichen Umsetzung findet höchstes Augenmerk. Die Fertigung der Skulpturen und Objekte erfolgt durch Handwerksbetriebe aus der näheren Umgebung – damit ist die Werkstatt Kollerschlag Impulsgeber für die regionale Wirtschaft. Heimische Handwerkskunst wird nach außen getragen und internationale Kunst in das Mühlviertel gebracht.

Oben links: *Dennis Oppenheim, Color Mix, Haar bei München*
Unten links: *Rachel Whiteread, Memorial am Judenplatz in Wien*

die Liebe
erdacht,
ich und
auch so gemacht.

Franz Gumpenberger

Brauchtum und Geselligkeit

Wie behilft sich der Mühlviertler, der scheinbar nicht bis drei zählen kann, wenn er seiner Frau mitteilen will, dass drei Menschen in Richtung seiner Haustür gehen? „Schau Resi, da kommen zwei und die haben noch einen mit."

Sie sind in der Zeit der Beweglichkeit, des Tourismus und der allgemeinen Aufklärung schon weniger geworden, die Witze über das Mühlviertel. Die Menschen des Landstriches selbst, ein Besuch des etwas überheblichen Restösterreichers und die schlagfertige Gegenwehr des Hügelbewohners lassen das scheinbar Witzige fahl werden.
Genug des Minderwertigkeitsverdachtes: Der Mühlviertler liebt seine Heimat, er verteidigt sie mit Worten, (wie früher in den Bauernkriegen oder in den Hussiten- oder Schwedentagen mit Waffen) und er lässt über das Land nichts kommen.
In Haslach geboren, in einem Bauerndorf aufgewachsen, und 30 Jahre Bezirksrichter im Land nördlich der Donau, kenne ich die Leute fast auch inwendig. Und als der Heimat zugewandter ORF-Volkskundler, habe ich die Geschichte und Gegenwart erforscht:
Natürlich isolierte der breite Strom der Donau in der Zeit der Brückenlosigkeit Mensch und Land, natürlich verschloss der hohe Rücken des Böhmerwaldes manch gewollte Verbindung und den Austausch der Waren hin und her von hüben und drüben. Aber auf Saumwegen – ja, auf goldenen Steigen – sind seit unvordenklicher Zeit Salze mit Säumern nach Norden gebracht, Getreide, Vieh, Flachs und Leinwand und das schillernde Glas nach Süden verfrachtet worden. Sogar böhmische Gänse sind bis in die 30er-Jahre des vorigen Jahrhunderts wie wandernde weiße Tücher zu uns getrieben worden und ihre Federn ließen viele gut ruhen. Der Braten am Tisch ist aber Rarität geblieben. Leider haben der Eiserne Vorhang und die Tote Grenze über 40 Jahre kaum menschliche Beziehungen zum Nachbarn zugelassen.
Der Mühlviertler hat aber bewiesen, dass der karge Boden, die dünne Humusschicht über dem Granit durch Fleiß zum nahrhaften Untergrund werden kann.

Oben: *Die Scheune eines alten Mühlviertler Bauernhofes*
Unten: *Vom Flachs zum Leinen – der berühmte Mühlviertler „Blaudruck"*

Seite 152 oben: *Schlicht war sie, die Einrichtung der Mühlviertler Bauernstuben*
Seite 152 unten links: *Schuhwerk für alle Jahreszeiten*

Oben: *Pech-Ölstein aus St. Leonhard bei Freistadt*
Mitte: *Alte handbemalte Glasflasche aus dem Mühlviertel*
Unten: *Allerlei grotesk vermummte Gestalten, wie Rasierer, Scherenschleifer, Samenverkäufer usw., beim Nebelberger-Rauhnachtsingen*

Seite 155 oben: *Religion und Brauchtum haben auch heute noch einen hohen Stellenwert im Mühlviertel*
Seite 155 unten: *Bläsergruppe beim Nebelberger-Rauhnachtsingen, das jährlich von 4. bis 5. Jänner stattfindet.*

Ja selbst aus dem Stein, der in Millionen Jahren gewachsen ist, hat der Mühlviertler einen Lebensbegleiter werden lassen. Vom Taufstein bis zum Grabstein, von der Türschwelle über den Fensterstock, vom mystisch umwobenen Lochstein, vom Futtertrog bis zur Grenzmarke bis hin zum Wassergrander und Denkmal, alles Stein und ewig bleibend. Die Netzrippengewölbe in unseren Kirchen zeugen von der Kunstfertigkeit der Menschen.
Wie mühsam mag die Ernte des Flachses gewesen sein, wie beschwerlich seine Bearbeitung bis hin zur Leinwand. Bis in unsere Zeit ist der Typ des Mühlviertlers gefragt, weil er mühsam und fleißig, ausdauernd und jammerlos arbeitet, lebt und das Land belebt. Hat nicht der Mühlviertler dank der Naturverbundenheit und Klugheit manches bewahrt, was woanders zerstört wurde. Viele Hecken zwischen den Grundstücken und alte Steinmauern bieten den Kleingetier ein Zuhause. So mancher Steinfindling darf weitere Millionen Jahre am selben Platz der Ewigkeit entgegenschlafen. So mancher Feld-, Wiesen- und Waldweg ist grasbegrünt zum Wanderweg geworden und federt den harten Schritt des Alltags ab. So manches Gerinne, mancher Graben und Bach dürfen unreguliert und fröhlich seine Bögen ziehen und plätschern und rauschen. So manche Hausfassade zeigt noch das bewegte Steinbild, weil damals der Kalk zu teuer gewesen.
Bei uns finden sich die Menschen in Vereinen zusammen und pflegen Brauchtum und Geselligkeit. Nicht aus Augenauswischerei einer intakten Gesellschaft, sondern aus dem Antrieb, das Althergebrachte nicht vergessen zu lassen, Neues zu erfinden und sich an der Gemeinschaft zu freuen, zum Beispiel am Musizieren in der Dorfkapelle, am Ausrücken der Feuerwehr an Festtagen genauso wie zum Einsatz, am Schreiten als Goldhauben- oder Kopftuchträgerin beim kirchlichen Fest. Bei uns dürfen die Mittagsglocken noch läuten und Feste bestimmen den Jahresablauf und nicht Steuertermine und Bilanzen.
Der Mühlviertler lebt seine Bräuche mit Begeisterung, auch wenn manche, dem Bauernstand entsprungene, verloren gegangen sind: Zum Beispiel der Dienstbotenwechsel zu Maria Lichtmess, das Stadelhennen-Schmeißen nach dem Drischel-Dreschen, das Federnschleißen, das Spinnen am Spinnrad, die Bräuche ums Brot Backen zuhause und anderes mehr.
Ganz seltsame, einmalige und seit Jahrzehnten überlieferte Bräuche werden in bestimmten Orten gepflegt:
In Klaffer am Hochficht heißt es am Abend des 11. November nach dem Martinsfest: „ Wolfablassen". Kinder schlagen auf alte, verrostete Blechhäfen mit Holzschlägl drauf, dass es nur so dröhnt. Manche Buben erzeugen den Lärm mit Hafendeckeln, Krapfenpfannen, Nudelreinen und Blechgeschirren, und noch dazu schreien sie aus Leibeskräften, damit nach altem Herkommen der Wolf verscheucht wird. Der Wolf, jenes feindselige Tier, das vom Böhmerwald trotz Hirte manches Lamm geschlagen. Diese schrille und laute Bande zieht durch das Dorf und wird angefeuert und beklatscht von dem am Straßenrand stehenden Brauchtumsliebhabern. Nur dieser Brauch ist erhalten, Wolfsgruben werden verständlicher Weise nicht mehr gegraben.
In der Gemeinde Nebelberg im Bezirk Rohrbach werden seit unvordenklicher Zeit heute noch Nachrichten nicht per E-Mail sondern mit dem Haptstecken (Hauptmannstab) weitergegeben. In den Ortschaften Heinrichsberg und Stift am Grenzbach wird gleichsam der Haptstock wie eine Stafette reihum von Haus zu Haus weitergereicht. An den birnenförmig gedrechselten Knauf des Stabes verheißt die Nachricht auf einem einfachen Zettel mit einem Reißnagel befestigt, was im Dorf zu tun ansteht. Zum Beispiel ein Bittgang oder eine Feldfruchtemesse oder früher zum Beispiel den Weg herrichten oder die Wasserleitung er-

INRI

ZUPAN

neuern. Für jeweils ein Jahr wird dieser Haptstock in einem Haus verwahrt und früher am Michaelitag, jetzt nach Abschluss der Ernte, zum nächsten „Haptmann" getragen und aufbewahrt. Und dieser Haptstecken findet im Gemeindewappen seinen Niederschlag.

Eine weitere Einmaligkeit an Brauch gibt es wiederum in Nebelberg. Alle zehn Jahre in Abwechslung mit dem Nachbarort Hinterschiffl kann man das Rauhnachtsingen erleben. Das Spiel hat im österreichisch-bayerischen Grenzraum seinen Ursprung und könnte aus dem heidnischen Brauchtum kommen, mit der Absicht, Dämonen und böse Geister von den Dörfern fern zu halten. Eine andere Meinung besagt, dass das früher ärmliche bäuerliche Hilfspersonal durch das Rauhnachtsingen den Speisezettel aufbessern konnte. Am Morgen des 4. Jänner – am Tag vor der foasten Rauhnacht, wird vorerst nur „verschrien", das heißt, der Ansager weist auf das eigentliche Rauhnachtsingen am nächsten Tag hin und fordert auf, Krapfen zu backen. Grotesk vermummte Gestalten wie Scherenschleifer, Rasierer, Samenverkäufer schließen sich an und treiben Schabernack mit den Besuchern.

Am 5. Jänner eröffnet der Guckkastenmann mit allerlei Getier den Reigen. Das richtige Ritual eröffnet der Platzmacher, der in den Bauernstuben Raum für die Spieler sucht. Dann treten sie ein: der Vorausgeher, Sterntreiber, Hans von Feserkern, Korizogn, Krapfentrager, Fleischnazl und Lippl mit dem Pfeifferlbuam. Jede Gestalt hat seine eigenen Sprüche und im gemeinsamen Rauhnachtslied wird den Hausbewohnern Glück verheißen. Der Schulmeister „gibt das Brautpaar zusammen" und baut dabei witzige Einlagen ein. Zum Dank für das Spiel gibt es Krapfen und Fleisch und Trinkgeld. Gstanzl werden gesungen und die Teufeln und Harfenmandln treiben auf der Straße ihr Unwesen. Es muss „Glück herein, Unglück hinaus" bewirken, sonst hätte sich der Brauch schon längst überlebt.

Ein geschichtlich nicht erforschbarer Brauch ist wohl das „Owaschreien" eines Verstorbenen vom Rohrbacher Kirchturm. Nach dem Tod eines Pfarrbewohners besteigt der Messner gut zwei Drittel des hohen Rohrbacher Kirchturms und nennt dann vom Gangl aus den Namen, den Beruf und die Anschrift des Verstorbenen durch ein Megaphon in alle vier Himmelsrichtungen laut vernehmbar. Wenn nicht der Lärm der Straße dies verhindert, bleiben die Hörer der Totenbotschaft stehen und gedenken des Verstorbenen. Ist es heute ein Lautsprecher, so waren es früher selbstgedrehte Papiertrichter, die die Todesbotschaft in die Landschaft trugen.

Der Mühlviertler verkörpert einen einfachen, echten, bescheidenen und zurückhaltenden Menschentyp. Der Inwohner der hügligen Gegend gibt sich so wie er ist: ein bisschen urwüchsig, aber nicht derb, ein bisschen verschlossen, aber nicht verschlagen, ein bisschen stolz, aber nicht abgehoben, demütig aber nicht untertänig. Er ist ganz Mensch, der zu seiner Heimat, Herkunft und seinem Wesen steht, im Glauben verwurzelt, der aber dabei nicht vergisst, dass er sich durch Weltoffenheit und Bildung weiterentwickeln muss.

Oben: *Der Vorausgeher, Sterntreiber, Hans von Feserkern, Korizogn, Krapfentrager, Fleischnazl, Lippl mit Pfeifferlbuam. Alle diese Gestalten treten mit eigenen Sprüchen ins Rampenlicht*
Mitte: *Haptstecka Übergabe*
Unten: *Alois Wöß bei der Haptstecka Herstellung*

Seite 156 oben: *Hoch zu Roß kündigt der „Ansager" das eigentliche Rauhnachtsingen an.*
Seite 156 unten: *Es wird gemeinsam das Rauhnachtlied gesungen, das den Hausbewohnern Glück verheißt.*

VIELFALT – AUF GRANIT GEBAUT 7

VOM URSPRUNG DES LANDES

Zwischen Donau und Böhmerwald 13
Vom Hochgebirge zum Hügelland 14
Feldspat, Quarz und Glimmer 17
Klima, Flora und Fauna 21
Vom süßen Leben in sauren Gewässern 22
Moore – unheimliche Schönheit 25
Die ersten Siedler 29
Tiefer Wald im Norden 34
Die Frühgeschichte des Mühlviertels 39
Vom Mittelalter zur Neuzeit 43
Äcker, Wiesen und Wälder 44
Hopfen, Hackfrüchte und Flachs 49
Bauwerke, Glas und Porzellan 53
Baumaterial für Höfe und Schlösser, Pranger und Konzentrationslager 55

FREISTADT UND UMGEBUNG

Freistadt – die „Stadt der Freien“ 59
St. Michael ob Rauchenödt 63
Weitersfelden, Wienau und Harrachstal 64
Königswiesen – die Krone des Mühlviertels 69
Die Burgruinen Prandegg und Ruttenstein 70
Weinberg – ein Schloss für die Bildung 73
Vom Haselgraben zum Sternstein 74
Reichenthal und die sieben Todsünden 79
Kerschbaum und die Pferdeeisenbahn 83
Die gotischen Flügelaltäre von Pesenbach, Waldburg und Kefermarkt 84

RUND UM ROHRBACH

Rohrbach und die Villa Sinnenreich 89
Neufelden – Kunst und Kultur an der Mühl 90
Haslach – mehr als ein Webermarkt 95
Das Stift Schlägl und sein Aigen 99